从13人到
9000多万人

史上最牛创业团队

曹磊 杨丽娟 著

人民日报出版社

北京

图书在版编目（CIP）数据

从13人到9000多万人：史上最牛创业团队 / 曹磊，
杨丽娟著. -- 北京：人民日报出版社，2020.10（2021.1重印）
ISBN 978-7-5115-6463-4

Ⅰ.①从… Ⅱ.①曹… ②杨… Ⅲ.①中国共产党—
党的建设—通俗读物 Ⅳ.①D26-49

中国版本图书馆CIP数据核字(2020)第126145号

书　　　名：	从13人到9000多万人：史上最牛创业团队	
	CONG13REN DAO 9000DUOWANREN:	
	SHISHANG ZUINIU CHUANGYE TUANDUI	
作　　　者：	曹　磊　杨丽娟	
出 版 人：	刘华新	
选题策划：	鹿柴文化	
特约编辑：	王晓彩	
责任编辑：	张炜煜　贾若莹	
封面设计：	季尘工作室	
出版发行：	人民日报出版社	
社　　　址：	北京金台西路 2 号	
邮政编码：	100733	
发行热线：	（010）65369509 65369512 65363531 65363528	
邮购热线：	（010）65369530 65363527	
编辑热线：	（010）65369509 65369514	
网　　　址：	www.peopledailypress.com	
经　　　销：	新华书店	
印　　　刷：	三河市华润印刷有限公司	
法律顾问：	北京科宇律师事务所 010-83622312	
开　　　本：	710mm×1000mm　　　1/16	
字　　　数：	160 千字	
印　　　张：	15.75	
版　　　次：	2020年10月第1版	
印　　　次：	2021年1月第2次印刷	
书　　　号：	ISBN 978-7-5115-6463-4	
定　　　价：	48.00 元	

序

　　前不久，人民日报出版社的同志送来一本有关中国共产党历史的书稿。这本书特色鲜明，立意新颖，题目也让人耳目一新，叫《从13人到9000多万人：史上最牛创业团队》。这些年，互联网上出现了不少把中国共产党比作一支创业团队的说法。这些提法，既新鲜又有趣。2021年，中国共产党迎来百岁生日，这百年历史恰也是一部恢弘的创业史。1921年，在内忧外患、灾难深重的中国，陈独秀、李大钊周围集合起一群立志救亡图存的先进青年，参加中共"一大"的13个人代表着50多名早期党员。人数不多，又处于秘密状况，毕竟首创了开天辟地的伟业。从13人"初创团队"起步，到新中国成立"公司上市"，再到近百年"基业长青"，中间的人物、故事、创新创造数不胜数。

　　中国是一个拥有14亿人口的大国，具有阅读能力的人有数亿人。这个庞大的群体差别很大，大家有不同的阅读习惯，也有多种兴趣热点，不能指望一种话语模式满足所有人的需求。所以，我乐见介绍党史的书多一些，有意思一些，有更多带有时代气息的分析视角，以便在"90后""00后"青年人中展现党的魅力、正能量，多圈粉。

　　百年大党，始于何时？如果追寻思想的火种，大概难以给出一个准确的时间表。中国进入近代以来，为了挽救民族危亡，寻找救国救民的出路，各个阶级和政治力量先后登上历史舞台。据统计，1912年前后的几年间，中国大地涌现出大大小小几百个政党，结果是你方唱罢我登场，迅即成了过眼云烟；种种救国方案也一度各显身手，但最后都化为泡影，没有找到救世良方。这一系列探索和失败有没有价值？我认为从历史的观点看价值很大，仁人志士救亡图存的过程，是大浪淘沙的过程，也是火种酝酿的过程，为后来无产阶级政党登上政治舞台做了思想启蒙。这就是中国共产党诞生的大背景，是历史必然性的依据所在。

百年大党，起于何处？上海望志路106号、浙江嘉兴南湖红船，这两个地方是中国革命的原点，也是中国共产党创业的起点。2017年10月31日，在党的十九大胜利闭幕一周之际，习近平总书记带领中共中央政治局常委专程赶赴这里。总书记强调："上海党的'一大'会址、嘉兴南湖红船是我们党梦想起航的地方。我们党从这里诞生，从这里出征，从这里走向全国执政。这里是我们党的根脉。"万事开头难，如果将历史的时针拨回到百年之前，中国共产党成立的那个时刻并不令人热血沸腾，反而是紧张万分、危险重重。正因为上海会址被巡捕房搜查，才有了后来的浙江嘉兴红船。历史轨迹，如此铸就。

"无论我们走得多远，都不能忘记来时的路。"百年大党，走过一条怎样的道路，历史脉络已经非常清晰。但站在移动互联网时代，站在中国共产党百年的历史坐标系上，我们仍需秉承我党不断学习、努力奋斗、锐意创新、与时俱进的优良传统，将党史研究与传播规律、受众需求结合起来，进行再总结、再挖掘、再解读，因时而变，常读常新。

当下是一个什么样的时代？在大多数人看来，是一个新事物迸发的时代，是一个"网络一切"的时代。在今年我国抗击新冠肺炎过程中，网购、外卖为解决群众生活问题发挥了关键作用。我还曾听到"直播带货""网红"等一些新名词、新业态。世界瞬息万变，不积极拥抱不断变化的时代，终将会被时代抛弃。中国共产党历史的研究也是如此。《从13人到9000多万人：史上最牛创业团队》一书，也应该说是具有互联网思维的。据该书的两位年轻作者介绍，这本书源于人民日报客户端的一篇网络爆款文章。什么是爆款，我也学习了一番，就是这篇文章的网络阅读量很高，高到什么程度？统计说超过1亿次。这个阅读量在我这个"80后"（80岁＋）老人眼里，完全是一个巨量数字。按照1次影响3个人来算，那么这篇文章影响的就是3亿人，这个不得了的数字在过去是无法想象的。

大党百年，我们——尤其是当代青年需要什么样的党史书籍？我感觉，除了人们熟知的政治要求与规范以外，至少需要具备三个特点。

一是贴近年轻人的叙事框架。到2021年，"00后"年龄最大的已经21岁了。如果我们将一本学术类党史书摆在他们面前，他们会看吗？大概率会置之一边，去刷手机了；即便被强制要求去读，也无法保证记得住，更别说入脑入心了。如果换一个他们熟悉的框架，可能就会有不同的效果。比如本书所使用的"创业"场景设定，将中共"一大"召开首日作为中国共产党创业之日，将参与"一大"的13人作为创始成员，探寻随着团队成员越来越多，事业越做越大，让运作百年的"企业"基业长青的成功秘诀是什么。这种叙事框架，显然是便于年轻人接受的，正在创业的年轻人，或许可以从中读出创业秘籍，视为有用；在单位上班的年轻人，可以多了解一些创业的故事，视为有趣。有用、有趣，就让党史多了一层生机活力。

二是清新活泼的语言表达。在有关党史的书籍群体里，不缺少严肃的学术研究、工整的理论著作，这些是重要的，更是必需的，为世界和中国了解中国共产党的百年历史，发挥了极其关键的作用。在"眼球经济"时代，除了这些板板正正的语言表达，还需要放下身段，放软身段，以细节吸引人，以感情打动人。比如《从13人到9000多万人：史上最牛创业团队》第一章开头是这样写的：

> 1921年7月，上海，黑夜沉沉。
>
> 13名刚刚相识的人正在法租界望志路106号的一座石库门房子里举行会议。他们衣着各异、口音不同，有人已经年过四旬，有人才刚刚19岁，全部平均年龄还不到28岁。
>
> 会议进行得并不顺利，最后一天的会议不得已之下还转战到了嘉兴南湖的一叶游船上进行。
>
> 但他们最终商讨成了一件大事：创建中国共产党。

这样的语言表达，故事性强，信息量大，让人易于接受。我还在多个章节看到一些比较有意思的词语，比如"国际朋友圈""逆生长"等，鲜活有趣，比较符合年轻人的口味。

三是精当准确的故事选取。百年大党，历史进程中不乏或让人感动、或发人深省、或令人慨叹的故事。《从13人到9000多万人：史上最牛创业团队》选取了很多中国共产党创业的故事，"人民的苹果""小竹竿""牺牲带"等等，这些细节里有不畏牺牲的奋勇向前，有纪律严明的军队管理，有真心拥护党的民心，这些细节的穿插，让中国共产党创业成功的密码更清晰、更立体、更感人。"中华民族伟大复兴，绝不是轻轻松松、敲锣打鼓就能实现的。全党必须准备付出更为艰巨、更为艰苦的努力。"中国共产党创业之初如此，新时代再创业仍需艰苦奋斗。这些过去的故事，是历史的映照，其中的精神内涵，永不过时、永不褪色。

《从13人到9000多万人：史上最牛创业团队》一书创新性强，读起来也有趣。值得一提的是，两位年轻作者也都不是学党史的出身，而是一直从事新媒体工作，能将各种党史资料信息汇编整合，用年轻人的视角阐述到这个程度，难能可贵，发人深思。

砥砺百年犹未老，峥嵘进击正风华。希望更多年轻同志加入中国共产党党史的学习和研究中来，再接再厉，多出佳作。

是为序。

邵维正

2020年8月

（作者系著名党史专家、少将、一级教授，
《百家讲坛》"党史故事100讲"主讲人）

第一章

创业，就是这么靠谱

第二章

创业不能脱离中国实际，不要依赖"孵化器"

第三章

"泥腿子"如何打天下

第四章

"谦虚、谨慎、不骄、不躁"，"绝不学李自成"

第五章

创业最憎守成 创新最怕抱残

第六章

艰苦奋斗　愚公移山

第七章

历史上犯过不少错，事业为何却越做越大

第八章

一步实际行动胜过一打纲领

第一章

创业，就是这么靠谱

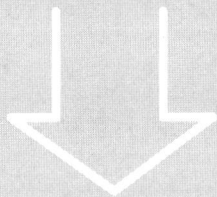

● ● ●

1921年7月，上海，黑夜沉沉。

13名刚刚相识的人正在法租界望志路106号的一座石库门房子里举行会议。他们衣着各异、口音不同，有人已经年过四旬，有人才刚刚19岁，全部平均年龄还不到28岁。

会议进行得并不顺利，最后一天的会议不得已之下还转战到了嘉兴南湖的一叶游船上进行。

但他们最终商讨成了一件大事：创建中国共产党。

中国共产党这个最初只有13位代表、50多名党员的小团队，从此开启了在中国历史上开天辟地的大事业，从零开始逐步创业，由小到大，由弱到强。

他们的事业奇迹，让他们被后世称誉为"中国近代以来最伟大的创业团队"。

一、初心靠谱——这船很小，但前途远大

历史往往富有戏剧性。中国共产党成立这件"开天辟地的大事"，在当时的社会并未引起特别大的注意，除了会场一度遭到租界暗探、巡捕的窥探、搜查，对当时中国社会的普通人而言，好像什么也没发生过。甚至这个"创业团队"最初的成员似乎也没有意识到这一点。

对毛泽东、何叔衡代表长沙小组参加中共"一大"，谢觉哉在自己的日记中平淡地写道："午后六时，叔衡往上海，偕行者润之，赴全国○○○○○之招。"没有写出来的五个字，也许是"共产党大会"或者是"共产主义者"。

北京小组推荐张国焘为代表，但在推举另一名代表时，邓中夏说有事去不了，罗章龙也说自己不能去，最终决定让年仅19岁的刘仁静去。

所有人都期待陈独秀参加大会，但此刻的他正在广州为募集一笔款项四处奔走。为了不让这笔钱泡汤，他表示自己不便去，派陈公博作为广州小组代表参会，并委派包惠僧代表自己前往上海出席"一大"。

开局就是如此平常。但从此以后，无数中国仁人志士聚集在共产主

义的"幽灵"下，成为一个强大的"创业团队"，甚至甘愿为这份事业付出生命代价，原因何在？

因为中国共产党人的初心靠谱！

鸦片战争以后，中国逐渐沦为半殖民地半封建社会。封建势力残酷压迫剥削、衰败腐朽，外来侵略势力恣意欺压、掠夺、奴役，中国民众陷入深重的屈辱与苦难中。从那时起，争取民族独立和解放，实现国家繁荣富强和人民共同富裕，就成了这个时代中国人的历史任务。

为了完成这项任务，林则徐虎门销烟，洋务派幻想"师夷长技以自强"，他们依靠清政府和地主阶级实现自强的"愿景"还未完整提出和实践，就消亡于马尾海战、甲午战争的硝烟中。

从三元里抗英，到金田起义，再到义和团运动，中国农民虽然展现了无与伦比的战斗力，但无论是"太平天国"，还是义和团"扶清灭洋"的迷梦都在中外势力的全力绞杀下流产了。

从"公车上书"到"百日维新"，康有为、梁启超等资产阶级改良派掀起了"变法图强"的新潮流，但很快就在"我自横刀向天笑""有心杀贼，无力回天"的悲叹中落幕。

从黄花岗起义到武昌起义，孙中山领导的以"驱除鞑虏、恢复中华"为目标的辛亥革命埋葬了清政府，但人们兴奋之余很快失望地发现，北洋军阀代替了清朝王室，人民生活更加困苦，山河日益破碎，"革命尚未成功"。

洋务运动、农民起义、资产阶级改良乃至革命，都没能彻底完成历史使命。中国的出路在哪里？

中国共产党的出现带来了新希望。他们的初心，从一开始就没有局限于那些"小目标"，而是集中于改造中国、扭转民族命运的大目标：为中国人民谋幸福，为中华民族谋复兴。

可以说，中国共产党从一开始就旗帜鲜明地把社会主义和共产主义设定为自己的奋斗目标，力图通过"社会革命"手段实现这一目标。

在"团结谁、打击谁"这个问题上，中国共产党的认识最为清晰，"中国过去一切革命斗争成效甚少，其基本原因就是不能团结真正的朋友，以攻击真正的敌人"。

在此原则指导下，中国共产党在成立初期就意识到：中国革命的敌人"不是别的，就是帝国主义和封建主义"，不首先推翻帝国主义和封建主义，就没有民族独立和人民解放，更谈不上社会主义、共产主义。

由此，中国共产党区分了自己的"大愿景"和现阶段的"小目标"，提出了"反帝反封建"的革命纲领，最终开辟了"农村包围城市，武装夺取政权"的革命道路，经过28年烽火洗礼，终于带领人民在1949年成立了中华人民共和国。

除了确定伟大愿景，中国共产党这个创业团队还有一项非比寻常的本领：在不同历史时期，在取得一个个重大胜利后，仍能坚守初心，继续根据人民意愿和事业发展需要，提出富有感召力的奋斗目标。

在"站起来"之后，针对中华人民共和国成立以来的经济发展状况，邓小平曾在改革开放之初尖锐地指出："搞了20多年还这么穷，那要社会主义干什么？"中国共产党明确了社会主义的根本任务是解放和发展生产力，树立了实现共同富裕的奋斗目标，为达成这一目标，还制定了"三步走"的发展战略。

在"富起来"之后，9000多万中共党员又引领中国向"强起来"的目标进发。习近平在党的十九大报告中明确指出："我们既要全面建成小康社会、实现第一个百年奋斗目标，又要乘势而上开启全面建设社会主义现代化国家新征程，向第二个百年奋斗目标进军。"

综合分析国际国内形势和我国发展条件，从2020年到21世纪中叶可以分两个阶段来安排。第一个阶段，从2020年到2035年，在全面建成小康社会的基础上，再奋斗15年，基本实现社会主义现代化。第二个阶段，从2035年到21世纪中叶，在基本实现现代化的基础上，再奋斗15年，把我国建成富强民主文明和谐美丽的社会主义现代化强国。

中国共产党人的初心，以及他们提出的一系列目标、愿景，对同志、战友以及普通群众，始终具有无尽的感召力。

全面抗战爆发后，众多爱国青年视延安为"圣地"，不惜跋涉数月，排除艰难险阻进入陕甘宁边区。从1937年4月到8月短短5个月的时间里，通过八路军西安办事处登记在册的前往延安的人就达到了2288人。据统计，出自官宦及富裕家庭的人超过1/3，这其中就包括冯玉祥的侄子冯文华、袁世凯的外孙张象耆、张学良的弟弟张学思，以及众多东北军将领子女。当年访问过延安的一位美国人约翰·科林曾说：

"我被共产党人为目标奋斗的精神所感动，人们在空气中可以嗅到这种气息。"

使这种感召力强化升级的，是无数中国共产党人的身体力行。一个个愿景被实现，一个个口号被实践，越来越多的普通老百姓对中国共产党人的初心坚信不疑，积极参与他们的事业，甚至愿意为之付出生命代价。

1947年，刘胡兰的家乡——文水县云周西村开始进行土地改革。农民得到了土地，生活有了盼头，村民陈树荣一辈子不信神鬼，但就在这一年他专门烧香磕头。刘胡兰很好奇，问他："陈大爷，你今天是给谁烧香？"

陈树荣答道："我不是给神烧香，我是给顾永田（曾任文水县县长，1941年牺牲）烧香。"这位为共产党员烧香的普通农民，后来与刘胡兰一起英勇就义，至死坚决不向敌人屈服。可以说，在他们心中，中国共产党的革命事业不是空中楼阁，不是天方夜谭，连最贫苦的人也知道共产党好，共产党人的初心不仅伟大而且一定能实现。

对此，彭真在参观中共"一大"会址时对南湖上的一叶红船感叹道："这只船虽然还很小，但是前途远大。"全心全意为人民美好生活奋斗的共产党，就从这一叶小船开启创业之路，一步步得到了中国人民的衷心信赖，得到了中国人民一心一意的支持。人民群众用粮食哺育了苏区、边区、解放区，用肩膀支撑起了土地革命战争、抗日战争、解放战争，用汗水乃至鲜血，参与创造了中国共产党的一个又一个辉煌成就。

二、信仰靠谱——照大胡子说的做，没错！

1926年，山东省东营市广饶县刘集村的刘良才得到了一本书。这是一本56页、巴掌大的小册子，由于排版疏漏，封面书名还被印错了，叫作《共党产宣言》。

这本书的真名是《共产党宣言》，作者马克思，中文版译者陈望道，于1920年8月在上海问世。当时马克思主义的"幽灵"刚刚来到中国，如饥似渴的革命者急需一部翻译精准的马克思主义经典作品的中文译本。陈望道在奋笔疾书翻译这本书时，竟将墨汁当成红糖吃掉而浑然不觉，甚至感觉墨汁比糖还要甜。这份甘甜，被人们称作"信仰的味道"。

拿到这本饱含"信仰的味道"的小册子，鲁北乡村的共产党员刘良才如获至宝，经常与刘集村党支部成员用棉被掩住窗户、点起豆油灯一同研习。由于首译本封皮印有一幅水红色的马克思半身像，这本《共产党宣言》就被当地共产党员叫作"大胡子的话"，他们常说："照大胡子说的做，没错！"

在"大胡子的话"的教育下，刘集村成为革命年代的"红色堡垒"、鲁北地区的"小莫斯科"，有据可考的烈士就有28人，解放战争中为前线提供了200人的担架队、2万斤军粮等人员物资。

1931年，刘良才因在家乡身份暴露被调到其他地方工作，临行前将《共产党宣言》首译本托付给刘考文。1932年，刘考文被捕。就义前，他又将这本当时的"禁书"交与为人忠厚低调的党员刘世厚。为了躲避国民党的搜捕，刘世厚将这本书仔细包裹，藏在炕洞中、塞在粮囤下、掖在墙眼里。

1945年1月，日寇一次性烧毁刘集村500余间房屋。已逃至村外的刘世厚不顾危险，避开敌人视线、偷偷返回火场，忍受着烟熏火燎，将塞在墙眼里的《共产党宣言》首译本安全带出。

中华人民共和国成立后，刘世厚老人将已经散页的书重新缝好，珍藏起来，直到1975年，他将这本保藏了40多年的《共产党宣言》首译本献给了文物部门。

"大胡子的话"不仅是科学，更是信仰。"升官发财，行往他处；贪生怕死，勿入斯门"，从1926年到1975年，经历了第一次国内革命战争、土地革命、抗日战争、解放战争，从革命低潮到中华人民共和国成立，刘集村党员近半个世纪的坚守，不仅证明这份"信仰的味道"无比甘甜，更见证了共产党员马克思主义"信仰的力量"之强大。

为了这份信仰，有人选择放弃过往，告别安逸生活和高官厚禄。

作为最早在中国传播共产主义思想的先驱者，李大钊与陈独秀以"南陈北李"并称于世。其实，他们在那时已经是名校教授、社会贤

达，无论是个人收入，还是社会名望，都绝对称得上成功人士。然而，他们既没有选择"学而优则仕"，也不眷恋书斋里精心治学的安逸生活，而是毅然投身到宣传马克思主义的队伍中。在李大钊与陈独秀的带领下，一个个学习小组在北京、上海、长沙、济南、武汉等城市相继设立，并最终汇聚成中国共产党的最初的创业团队。

1922年6月，36岁的资深军官朱德辞去云南陆军宪兵司令部司令官、云南省警务处长兼省会警察厅长的职务，从云南来到重庆。由于战功卓著，朱德已是年轻军官中的"名将"，重庆当地军阀想以师长职务招徕他，朱德拒绝了。他离开云南，是为了追寻拯救中国的办法，对于军阀的青睐并不在意，所以悄然乘舟而下，来到上海。始料不及的是，军阀部队将领的出身使他遭遇了当时党内一些领导人的冷落，加入中国共产党的要求最终被拒绝。失望之下，朱德索性远渡重洋奔赴德国——马克思的故乡，在这里结识了周恩来，实现了加入中国共产党的愿望。此后，他一生无悔。

为了这份信仰，有人选择执着追求，不畏牺牲，不惜忍饥受冻，历尽艰辛。

井冈山斗争时期，当时的红军指战员会在颈脖子上系上一条红带子，取名为"牺牲带"，以表示自己愿意为信仰献身的决心。

危难之际见真情，更见信仰的纯粹。长征时期，中国共产党到了决定命运的关键节点，革命事业还有无前途？还要不要追求信仰？一位参加长征的红军战士这样回忆爬雪山时的场景："我们翻越一座又一座雪山，当时想，我们这些人也许永远也翻不完这些山了，没有什么希望了。但我们坚信，即使我们真的倒了下去，中途失败了，我们的下一代也一定能继承我们未竟的事业，继续前进，革命终将成功。"

正是这种信仰，最终变成战无不胜的强大战斗力，使已经饥寒交迫、几乎弹尽粮绝、队伍减员严重的红军，忍受住极限苦难和考验，冲破敌人的围追堵截，取得长征的胜利。这种坚守，连外国人也为之折服，美国《时代》周刊2000年推出的《人类1000年》一书中，就将长征列入过去1000年"影响人类文明发展历程"的100件大事之一。

为了这份信仰，还有人选择忘我拼搏，艰苦奋斗。

人为什么活着？为自己、为家庭，还是为信仰、为人民？

石油工人王进喜的回答是："我不是为活着而活着，而是为革命而活着。"面对中华人民共和国成立初期缺少石油的现实，他心痛不已，立下了"宁可少活20年，拼命也要拿下大庆油田"的誓言，以"有条件要上，没有条件创造条件也要上"的精神，和战友们以苦为乐，越苦越累越奋斗，越难越险越向前，"人拉肩扛""断水打井""带伤跳泥浆池制服井喷"，不断刷新石油生产指标。在工人们眼中，他是为革命而活着的"铁人"：国家就是他的命，他就是把骨头砸碎了，也找不出半个"我"字。

这些人身上的力量和勇气，都是"信仰的力量"。

马克思这位"大胡子"，一辈子没有来过中国，但他早在100多年前就为中国革命写下了15篇文章，并预言：中国和亚洲的革命将扮演世界历史的火车头。

回顾中华人民共和国成立以来的巨大成就，我们发现，这位"大胡子"的预言是正确的，"我们坚信的主义，乃是宇宙的真理"。这份信仰，值得所有中国共产党员坚守、实践。

值得一提的是，马克思还有一则预言：西方资本主义依靠海洋霸权和海洋贸易崛起，而海洋贸易的兴起，同时也是大陆贸易的中断。如果中国能与德国、俄国等国家通过现代铁路技术、贸易重新联合，就可以重组亚欧大陆，从而与西方主导的"海洋文明"相提并论。

这则预言似乎与今天习近平提出的"一带一路"倡议相契合。2021年，中国共产党即将迎来创立100周年纪念日，马克思所创立的学说已在过去近100年成为中国共产党人的信仰，也成为今天引领中国继续前行的旗帜。经历战火硝烟的共产党人为这种信仰绘就底色，在社会主义建设时期艰苦奋斗的典范为这种信仰构筑精神新高地，新时代的中国共产党员则将为进一步实践这一信仰付出新的努力。

这是天方夜谭吗？当然不是！

中国共产党这个创业团队有革命导师马克思早就精心挑选好的宣传语：

走自己的路，让别人说去吧！

三、同志靠谱——砍头不要紧，只要主义真

"理想很丰满，现实却很骨感。"

以这句话来形容1921年的中国共产党，最贴切不过。

历史对中国共产党其实非常苛刻。

为什么这么说？因为他们势单力薄。据统计，1921年，包括旅欧旅日的党员在内，中国共产党一共只有56名党员，知识分子和青年学生居多，且处于秘密状态，在社会上乃至在工人中几乎没有任何影响力。

更因为历史的考验如同大浪淘沙。澎湃前行的中国革命汹涌无比，在中国共产党这个创业团队成立伊始，就着手用最冷酷的方式淘汰那些投机者和懦弱分子。

即使是参加党的"一大"的13位代表，其中的3个人——陈公博、周佛海、张国焘也先后背叛了自己最初的誓言，投身敌对阵营，甚至投靠日本侵略者。再加上李达在1923年自动脱党，李汉俊因自动脱党在1924年被开除党籍（脱党后他仍坚持革命斗争，1927年12月不幸遭反动军阀杀害，1952年被首批追认为革命烈士），刘仁静1929年被开除

出党、包惠僧消极脱党，13位"创始人"中就有7人离开团队。

连"创业未半"都算不上，就有半数"一大"代表中途离开，这样的创业会不会"中道崩殂"？革命烈士夏明翰在就义时对此有极为豪迈无畏的回答："砍头不要紧，只要主义真。杀了夏明翰，还有后来人。"

正如夏明翰所期待和确信的，这个创业团队有的是后继者。

1927年10月，在湖南省酃县（今湖南省炎陵县）水口街叶家祠的阁楼上举行了一场六个人的入党仪式。这六个人分别是陈士榘、赖毅、刘炎、李恒、欧阳健、鄢辉，誓词很简洁："严守秘密，服从纪律，牺牲个人，阶级斗争，努力革命，永不叛党。"主持这场入党宣誓的，是毛泽东。正是他，在新党员的入党誓词中，第一次加入了"永不叛党"四个字。

之所以这么做，是因为半年前，蒋介石在上海悍然发动"四一二"反革命政变，三天内仅上海市区，就有300多人被杀害，500多人被捕，5000多人失踪。从1927年3月至1928年上半年，全国有31万余人死在国民党反动派的屠刀之下，其中包括26000余名共产党员。

1927年4月28日，被毛泽东誉为"真正的老师"的李大钊在北京从容就义。牺牲前，他没有为家属留下任何遗言，而是"高呼'为主义而牺牲'者再，毅然延颈就环"。他牺牲时，年仅38岁。

李大钊牺牲后，1921年入党的马骏奉调回国，负责恢复北京党组织的工作。面对北京城遍布的密探，他仍不畏艰险，坚持工作，直到被敌人逮捕。敌人企图以高官厚禄诱使他屈服，马骏回答说："叫我不宣传马列主义，不搞革命，这比太阳从西边出来还难。"他牺牲时，年仅33岁。

这个创业团队有的是坚守信仰、义无反顾者。

1934年10月开始的长征是对中国共产党这个团队最大的考验之一。随着"第五次反围剿"作战的失败，红色根据地相继沦陷，中国革命该往何处去，该如何纠正错误路线、扭转不利局面？一个个问题摆在了中国共产党面前。

跨越危机重重的湘江、乌江、雪山、草地，衣衫褴褛的红军战士创造了奇迹。无论是飞夺泸定桥的22名勇士，还是英勇捐躯的无名战士"云贵川"；无论是长眠草地的"红小鬼"，还是有金色鱼钩的老班长；无论是四渡赤水扭转局面的毛泽东，还是与战士分享半碗青稞面的周恩来，还有关键时刻挺身而出反对分裂的朱德、徐向前……作为这个创业团队中的坚持者，他们只有一个信念——"为了革命胜利"，只有一个目标——前进，前进，前进！进！

这个团队有的是殚精竭虑、默默奉献者。

缪伯英是中国共产党第一位女党员。1927年秋，她与丈夫何孟雄一起来到上海，在白色恐怖中千方百计地开展地下工作。她时常天没亮就出门，夜深才归，回到家也不能立刻就睡，还要照顾年幼的儿女。1929年10月下旬，在艰苦环境下积劳成疾的她染上了伤寒，被送进医院抢救。垂危之际，她对何孟雄说："既以身许党，应为党的事业牺牲，奈何我因病行将逝世，未能战死沙场，真是恨事！"

罗荣桓在大革命失败的危急关头加入共产党，参加秋收起义，从此终生在战斗一线勤勤恳恳。夜以继日的繁重工作让他伤病交加，但他仍强支病体在抗战一结束就率领山东主力部队挺进东北，发展东北解放区，参加领导辽沈、平津两大战役。"有一份精力，就要为党多做一点工作。"由于长期抱病坚持工作，罗荣桓的健康情况日益恶化，于1963年病逝。对罗荣桓元帅的早逝，毛泽东悲痛万分，手书七律《吊罗荣桓》："君今不幸离人世，国有疑难可问谁？"

这个团队有的是顾念大局、牺牲自我者。

中央红军长征开始后担任后卫任务的是红34师。湘江战役恶战7天，红34师虽然完成掩护任务，却被国民党军队阻截在湘江南岸，全师指战员从8000多人锐减到不足千人。最后时刻，年轻的师长陈树湘向全师发布命令："突围！万一突围不成，誓为苏维埃流尽最后一滴血！"在这支"绝命后卫师"突围过程中，陈树湘不幸受伤被俘。他在担架上苏醒过来后，趁敌不备，竟掏出肠子绞断而英勇牺牲，以无比悲壮的方式实践了自己的诺言！

长征开始后留守中央苏区坚持游击战的何叔衡，是中共"一大"13位代表之一。他在转战突围中，为了掩护战友毅然跳崖以身殉革命。浙南游击区红军战士陈凤山被俘后，坚决不吐露红军的任何信息，敌人用长钉将他钉在墙上也未能让他屈服，最终只好枪杀示众。

另一位中共"一大"代表陈潭秋，1943年牺牲在新疆军阀盛世才手中。他本有撤离险地的机会，却坚持把自己列入最后一批撤离名单，"只要还有一个同志，我就不能走。"他牺牲后，仍然在1945年6月党的"七大"上被选为中央委员。那时人们并不知道，早在一年零九个月前，陈潭秋就已告别了他们，就义时年仅47岁。

"不惜唯我身先死，后继频频慰九泉。"另一位中共"一大"代表邓恩铭的这首诗，大概就是中国共产党先烈们诀别战友、同志时的心情吧。

一人虽去，万人继起。从1921年到1949年，在中国共产党这28年的革命历程里，有名可查的党员烈士就有370万人。在世界史上，没有一个政党像中国共产党这样，为了践行和坚守自己的信仰，付出了如此巨大且惨烈的牺牲。

对这样一个团队的强大、团结和战斗力，来自他者的观察或许更具说服力。

张学良在晚年回忆"国民党为什么打不过共产党"时说，红军为什么打不散，散了还会回来，主要是共产党、红军信仰他的主义，甚至每一个兵，都信仰他们的主义，所以即使在缺衣少食、围追堵截中，红军依旧士气高昂、战斗力强悍。相比之下，如果换成自己和下属，在同样的情况下带兵打仗，只会把人带得跑光了。

历史无情也有情。在中国近现代史上，各种主义、信仰都曾一度大行其道，奉行的政党也笃信自己可以据此改变中国，但只有中国共产党赢得了最后的胜利。这是因为，在各种信仰理念的碰撞和交锋中，无数共产党人始终"勇往直前以赴之，断头流血以从之，殚精竭虑以成之"，他们信仰真理，坚守主义，能够不计小我、舍生忘死地去为民族复兴、人民幸福而拼搏。因为他们"我将无我、不负人民"的承诺与坚守，信仰才不再只是文字和声音，不再只是少数人思想中的空中楼阁，而是一个又一个具体鲜活的目标，宏大而接地气，离中国老百姓向往的美好生活越来越近。

四、策略靠谱——实践证明，还是毛泽东行

坚持下来的靠谱同志，如何让星星之火形成燎原之势？

1928年10月5日，毛泽东写了《中国的红色政权为什么能够存在？》一文，列出五条原因。其中第五条指出："须有一个要紧的条件，共产党组织的有力量和它的政策的不错误。""政策的不错误"，可谓一语道破天机。中国共产党在关键时刻，始终以中华民族的大局为重，而非固守教条，善于借力、迂回，在重大拐点做出决定命运的正确抉择，这就是"政策的不错误"。

决定历史的往往就是关键的那几步。对中国共产党而言，在不同时期选择与国民党合作，同样属于"关键的那几步"。

事实上，代表资产阶级利益的国民党原本被视为革命的对象。中共"一大"通过的党的纲领提出：革命军队必须与无产阶级一起推翻资本家阶级的政权。"一大"通过的《中国共产党的第一个决议》提出：党应采取独立的政策以维护无产阶级的利益，不同其他党派建立任何联系。此时，国共合作看起来几乎没有一点可能。甚至在共产国际代表马林提议促成国共合作时，时任中国共产党总书记的陈独秀立即表示

坚决反对。

不可能是如何变成现实的呢？

从根本上说，这是源于中国共产党经过革命实践后对中国革命的再认识：中国革命的敌人异常强大，要战胜敌人，处于起步阶段的无产阶级要推翻"三座大山"，仅仅依靠自身孤军奋战是远远不够的，必须争取同盟。更何况，在军阀割据的中国，没有革命武装斗争，光靠工人罢工是无法取得胜利的。

于是，中共"二大"指出，要实现反帝国主义反封建军阀的革命目标，必须组成"民主主义的联合战线"，而孙中山所代表的广东国民党政府，实际上也正是"中国开明资产阶级的民主主义的运动"。

特别是1923年"二七惨案"发生后，许多共产党人认识到建立革命统一战线的必要性，逐渐认同国共合作。中共"三大"决定共产党员以个人身份加入国民党，实现国共合作。同时，党必须在政治、思想和组织上保持独立性。

对当时的中国共产党而言，同国民党合作是相当不错的选择。而沉沦多年、迷茫无路的国民党，也由此走上新的路程。1924年孙中山"联俄、联共、扶助农工"三大政策确立以后，中国进入大革命时期。运动声势浩大，发动群众广泛，革命武装精干，成为一场席卷全国的大革命。

然而，第一次国共合作以1927年的"四一二"反革命政变和"宁汉合流"宣告结束，蒋介石等人向共产党员和革命群众举起屠刀。这是中国共产党最痛苦的时刻。面对强大的敌人，共产党人痛定思痛，最终转变思路，开展武装斗争，中国进入了土地革命战争时期。

武装斗争一开始并不顺利。从1927年夏季到1928年年底，中国共产党在全国各地发动100多次武装起义，几乎都失败了。

失败的原因在于僵化的方针。当时的中央领导者犯了"幼稚病"，盲目听从共产国际指导、盲目借鉴苏联的革命经验，认为以城市为中心发动革命天经地义，要求各地武装以夺取中心城市为目标。殊不知，革命力量在大屠杀中损失极大，敌我力量差距悬殊，城市很难夺取，即使夺取后也很难守得住。广州起义时，叶挺就曾提议撤出广州，保存革命力量到农村进一步发展，结果遭到共产国际顾问的反对，起义最终失败。

挽救中国革命"星星之火"的是毛泽东。秋收起义发动后，最初执行的也是攻克中心城市长沙的计划，但一向作风果断、求真务实的毛泽东很快发现问题，立即说服大家放弃原计划，向敌人力量薄弱的农村进军，保存力量再谋求发展。

井冈山就是在这样的际遇下成为革命圣地的。从进攻城市到向农村进军，毛泽东依靠灵活的策略，有效解决了大革命失败后"革命力量向何处去，在哪里生存发展"的问题。尤其是在创建中央苏区的过程中，毛泽东率领红军"上山"，依靠群众基础和地形优势，采取"敌进我退，敌驻我扰，敌疲我打，敌退我追"的灵活多变战法，越战越强，根据地逐步发展壮大。在此影响下，各地的革命力量一步步坚持下来、持

续壮大，终于使革命呈现出星火燎原之势。

然而，随着"左"的政策在党内占据上风，毛泽东和他灵活多变的战略战术指挥被抹杀成"狭隘的经验主义"。与此同时，洋顾问李德被奉为上宾，他不懂中国实际，却不顾来自红军一线指战员的意见建议，采取"御敌于国门之外"的阵地战法，和国民党军队硬碰硬，使红军在"第五次反围剿"失败后陷入危险境地，不得不离开中央苏区进行长征。幸而中共中央最终认识到"实践证明，还是毛泽东行"，在遵义会议上请出毛泽东重新指挥红军，逐步扭转败局，最终赢得长征的胜利。

按理说，国共两党在土地革命时期10年（1927—1937）鏖战后，应该是不可能再坐在一起了。但在日寇步步进逼、华北已无险可守的危急时刻，中国共产党再次调整策略，主动促成了第二次国共合作，挽救民族危亡。

中央红军长征胜利后，中国共产党立即在1935年12月17日至25日举行瓦窑堡会议，确立了建立抗日民族统一战线的新路线。

1936年4月25日，中国共产党发表宣言，首次公开把国民党列为抗日民族统一战线的对象，10天后发表通电时也不再称蒋介石为卖国贼，而改口叫蒋介石氏。

就这样，党的策略从抗日反蒋开始向逼蒋抗日转变。1936年12月12日，西安事变爆发。西安事变的和平解决，为"联蒋抗日"、国共合作打下了基础。抗战全面爆发后，国共合作水到渠成，抗日民族统一战线就此正式形成。

主动实现这种转变十分不容易，思想是最大障碍。红军改编为八路军的时候，很多红军战士想不通，尤其是对"红军改名"和"穿国民党军服""戴国民党帽徽"意见最大。举行换装仪式那天，许多红军战士放声大哭，担任八路军一二九师师长的刘伯承安慰大家说："不要看这顶帽子上的帽徽是白的，可我们的心永远是红的。同志们！为了救中国，暂时和红军帽告别吧！"

正如刘伯承所说，红军改编了，但只是为了上抗日战场改了个番号，这支军队的本质没有变。从红军变成八路军，是为了民族救亡大局，是为了共同对付日寇，这支人民军队仍是共产党的队伍。

第二章

创业不能脱离中国实际，不要依赖"孵化器"

● ● ●

　　成功创业往往讲究天时、地利、人和。

　　中国共产党的创立，如果说五四运动和共产主义的传播是天时，作为全国工人阶级和工人运动集中地的上海是地利的话，那么来自劳苦大众和共产国际的支持可以说是一种人和。尤其是后者的外部支援和指导，对一个初创团队而言，意味着创业初期将少走很多弯路。

　　但"孵化器"再好，总得自己走路；权威再给力，也不能一味依靠。毛泽东很早就指出，"中国革命斗争的胜利要靠中国同志了解实际情况"，在遵义会议后，他倡导的独立自主的探索精神逐渐被全党接受和认同，"自力更生，奋发图强"已成为时至今日响彻每个中国共产党人耳边的口号。

　　有人说，中国原本没有共产党诞生的坚实基础，是共产国际一手包办，从苏联"移植"过来的。然而，在共产国际解散六年后，中国共产党创业成功了——中华人民共和国成立。

　　有人说，苏联解体就是"历史的终结"，标志着西方自由民主制度胜利了。然而，中国独立自主探索的中国特色社会主义道路越走越宽阔：2017年，中国共产党引领下的中国，经济总量已逾82.7万亿元；

2018年，中国经济总量突破90万亿元；2019年，中国经济总量接近100万亿元，牢牢占据全球第二大经济体的位置。

中国共产党的成功是奇迹吗？是，也不是。

不能否认，共产国际及苏联曾在中国共产党的创业过程中给予了有力的帮助。但更应该看到的是，农村包围城市、枪杆子里出政权、改革开放、发展中国特色社会主义，这些都是主张并践行自力更生的中国共产党独创的。

正是这些独立的探索，才让中国共产党的事业格外辉煌，并拥有独特魅力。

一、创业伊始，有"贵人"相助很重要

十月革命一声炮响，给中国送来的，不只是马克思主义。

对于中国共产党的创立，共产国际介入极深。

1920年春天，一对俄国夫妇悄然踏上中国的土地，他们就是维经斯基及其夫人库茨涅佐娃。维经斯基作为俄共（布）代表第一次来华，主要任务是指导和帮助创建中国共产党。而作为共产国际的代表，马林直接参加了中共"一大"。为了促成全国各地代表集聚上海，上海党组织给每位代表寄送的100元路费，就是来自马林带来的共产国际支援中国革命的经费。

"这个时期，共产国际的工作对于中国革命，还是有益的多。"周恩来曾如是评价共产国际对早期中共的影响。

这种影响是全方位的。

在理论方面，共产国际可谓启蒙老师。

五四运动之后的中国，不是只有马克思主义思潮，还有基尔特社会主义、无政府主义等，都收获了不少拥趸。在共产国际的帮助下，1919年以李大钊为代表的马克思主义者向胡适发起"问题与主义"之争进行论战，1920—1921年又开展了批判基尔特社会主义和无政府主义等错误思潮的斗争。经过两次批判和斗争，马克思主义学说在中国越来越深入人心。此外，共产国际还直接派人到中国宣传马列主义。

在中共"一大"召开期间，马林专门介绍了马列主义建党理论，对中国年轻的共产主义者触动很大。

在党章方面，中国共产党受共产国际影响极大。

1928年召开的中共"六大"是党的历史上唯一一次在国外举行的全国大会。这一年年初，白色恐怖气氛浓重，为保证代表安全，深入讨论问题，中共中央向共产国际申请在苏联境内开会。最终，共产国际执委会来电，"让'六大'代表到莫斯科开会"。

这次特殊的中国共产党全国代表大会，也因而具有鲜明的共产国际特点，带有明显的苏联印记。比如，党章的主要起草人并非全是中国人，而是共产国际指定的团队，其中就有共产国际东方部副部长米夫。因而，这部党章深受当时苏共十四大党章的影响，许多条文更是直接来自苏共十四大党章，仅有一些细微的文辞差别。尽管这部党章在不少部分有调整和创新，但它脱离中国实际、照搬苏共党章的色彩实在太浓，并没有对解决当时中国革命的很多现实问题起到指导作用。

在人才培养方面，共产国际算得上不遗余力。

一方面，由共产国际派代表来中国亲自指导。比如，维经斯基等人1920年9月在上海创办了外文学社，为中国革命青年补习俄语。他们还手把手指导中国革命者在各地创建共产主义小组。中共"一大"召开期间，一名男子突然到会场探看，与会的马林对此非常警觉，立即决定中止会议，从而避免了一次重大损失，也向年轻的中国共产党人示范了如何进行秘密工作。

另一方面，共产国际还组织中国革命者到莫斯科学习。当时主要去两所大学，一所是莫斯科东方共产主义劳动大学，一所是莫斯科中山大学，这两所大学培养了刘少奇、任弼时、萧劲光、张闻天、王稼祥、邓小平、伍修权等众多学生和干部，这些人大都成为中国革命史上声名赫赫的人物。

在中国共产党早期党内事务方面，共产国际在关键时刻也发挥了一锤定音的作用。

谁来领导中国革命？一开始，共产国际看好的是王明。王明是谁？估计大家比较熟悉了，他曾就读于莫斯科中山大学，备受校长米夫的青睐，熟读经典原著、出口成章，常以党内理论家自居，自诩为"百分之百的布尔什维克"。在米夫的支持下，他曾一跃成为中国共产党的重要领导人。

甚至在中共中央迁到陕北，毛泽东在党内已经树立崇高威望时，在共产国际的一些人眼中，把马列主义绝对化、把共产国际指示和苏联经验神圣化的王明，要比毛泽东"听话"，更适合充任中国共产党的领导者。正是因为感觉有共产国际撑腰，王明一度雄心勃勃地要挑战毛泽东的党内领导地位。

好在共产国际不乏明白人。1938年8月初，从莫斯科回到延安的王稼祥传达了时任共产国际执行委员会总书记季米特洛夫的指示："中共中央内部应支持毛泽东的领导地位"，"王明缺乏实际工作经验，不应争当领袖"。

在早期重大战略方面，共产国际大方向也把握得挺准。

别的不说，两次国共合作，都与共产国际的极力促成有关。

第一次国共合作虽然失败，但毕竟在中国社会掀起了大革命，做了一次充分的动员和尝试，中国共产党由此认识到"枪杆子里出政权"。第二次国共合作有团结一致、抗日救亡的大背景，因此，共产国际建议中共建立全民族抗日统一战线，是符合当时中国国情的，结果也是成功的。

说了这么多苏联、共产国际在中国共产党创业初期的帮助和作用，有一点更需要指出：外援再给力，也代替不了自己做决定！

即便是在创业初期亟须共产国际"传帮带"的情况下，年轻的中国共产主义者，也是这段历史的主人公。他们从一开始就有很强的独立自主意识，例如，陈独秀就主张，革命是中国共产党人自己的事，有外援虽好，但没外援我们照样干，靠外援才干革命的思想是要不得的。

来自湖南的年轻人毛泽东更具独创精神。在一个个同学决定去欧洲学习马克思主义时，他选择留在国内："我不想去欧洲，我对自己的祖国了解还不够""把我的时间花在中国更有益处"。

他的独创精神和气概，引领了中国共产党此后的事业前途和远大航程。

二、创业要不要拿来主义

作为共产国际的支部，该如何对待来自共产国际的指示和要求？中国共产党这个创业团队要不要搞拿来主义，照抄马列主义的本本、共产国际决议？

博古认为："凡是马恩列斯讲的话必须遵守，凡是共产国际的指示必须照办。"

毛泽东的看法则是，苏联的话"不可不听，又不可尽听"，必须坚持独立自主，打破党内对共产国际、对苏联革命经验的迷信。

十月革命一声炮响，给中国送来了马克思主义，但有些东西是送不来的。

送不来"枪杆子里出政权"。中国共产党创建初期，共产国际就没有明确指示建立军事武装。虽然后来斯大林提出中国革命的一个特点"是武装的革命反对武装的反革命"，但这里说的是国民党的武装。直到大革命失败后，共产国际才紧急指示中国共产党建立一支"由革命工农组成的、有绝对可靠的指挥人员的"革命军队。

面对白色恐怖，中国共产党人痛定思痛，通过发动南昌起义和秋收起义，才拉开了独立自主地领导武装反抗国民党反动统治的大幕。

送不来"农村包围城市""工农武装割据"。要知道，马克思、恩格斯是总结19世纪欧洲无产阶级革命规律后，才认为无产阶级应坚持城市中心论的。苏俄也走这条道路，十月革命成功了。不过，十月革命胜利的背景不能忽视，当时俄国工人占全国总人口的1/6，而中国工人只占总人口的1/200，力量太过弱小。

对于这种差异，共产国际相当一部分人并未注意，认为城市中心论也适合中国，因此在较长一段时间内频频指示要在中心城市搞暴动，结果导致大量的革命力量白白损失，以至于严格遵奉共产国际指示的临时中央无法在上海立足，不得不进入中央苏区。可以说，如果一味听从共产国际的指示，也许就没有中国红军，没有后来的一系列胜利了。以毛泽东为代表的中国共产党人，最终在错综复杂的斗争中边实践边总结，边打仗边建设，逐渐形成了"工农武装割据""农村包围城市"的思想，最终找到了一条适合中国革命发展的正确道路。

更何况，共产国际的很多指示，仅从苏联的立场出发，不仅不符合中国国情，而且有损于中国共产党的发展。例如1929年"中东路事件"，苏联为了自身利益，要求中共提出"武装保卫苏联"的口号，结果与当时的国内民情相悖，使中国共产党在舆论上很被动。抗战爆发后，斯大林为了苏联的安全，希望日本深陷中国战场无力北上侵苏，但他认为有实力拖住日本的是蒋介石而非中国共产党，因此一味要求中共及其领导的抗日武装对蒋介石妥协退让。抗战初期，王明等教条主义者在统一战线问题上忽左忽右，其实从根本上说，就是苏联和共产国际瞎指挥的结果。

1943年5月，存续23年的共产国际自行解散。

这个消息，可让国民党政府兴奋极了：共产国际都没了，看你共产党怎么办？他们以此为借口，制造舆论，什么"马克思主义不适合中国的国情""共产国际之解散，足以证明所谓阶级斗争，所谓世界革命的路线之根本错误"，要求解散中国共产党，撤销陕甘宁边区政府。与此同时，国民党还悄悄调集大军，准备随时向边区发动突然袭击。

可他们不会想到，得知共产国际解散的消息，毛泽东同样兴奋："他们做得对，我就不主张要这个机构。"对这个中国共产党创业时的"孵化器""投资人"，毛泽东虽然肯定了其积极作用，但也认为共产国际"已经不适合斗争需要了"，"现在共产国际没有了，这就增加了我们的责任心。每个同志都要懂得自己担负了极大的责任。从这种责任心出发，就要发挥共产党人的创造力"。

毛泽东为什么有底气做出这样的回应？根本的一条是，中国共产党并非"寄生"在共产国际身上，而是有着与生俱来的独立自主意识，且在共产国际存续期间已经走出了一条将马列主义与中国革命实践相结合的道路，"早在1935年共产国际第七次代表大会以来，共产国际就没有干涉过中国共产党的内部问题"。

1935年1月，中共中央召开遵义会议。当时中共中央在长征路上与共产国际的无线电通信中断，已经失联数月。虽然没有共产国际的指示，但遵义会议开得相当成功。在这次会议上，党第一次独立自主地选择了自己的领导团队，第一次独立自主地确定自己的路线、方针和政策，第一次独立自主地纠正了党内错误路线。张闻天后来说："遵义会议在紧急关头挽救了党，挽救了红军。"毛泽东则认为："中国人不懂中国情况，这怎么行？真正懂得独立自主是从遵义会议开始的。"

对于摸索这条独立自主道路的历程，毛泽东后来有段生动的总结："有先生有好处，也有坏处。不要先生，自己读书，自己写字，自己想问题。这是一条真理。过去我们就是由先生抓着手学写字，从1921年党成立到1934年，我们就是吃了先生的亏，纲领由先生起草，中央全会的决议也由先生起草，特别是1934年，这使我们遭到了很大的损失。从那之后，我们就懂得要自己想问题。"

一家公司创业成功了，上市了，原因一定是多方面的。对中国共产党而言，共产国际起初的"拉一把"极其宝贵。但是，干革命不是盲从盲动，不能丧失自我，不可以搞拿来主义。十月革命再成功，也是别人家的经验，中国革命需要中国共产党人自己结合国情去一点点探索、实践。哪怕拥有的只有山沟窑洞，哪怕手里只有小米加步枪，只要心中豪迈、独立探索，面对"雄关漫道真如铁"，也能"而今迈步从头越。从头越，苍山如海，残阳如血"。

三、创业"首要经验"就是自力更生

"陕北十三年"是中国共产党独立自主创业的13年,山沟窑洞、小米加步枪,中国共产党人硬是凭借着"自己动手、丰衣足食"的志气,让延安成为革命圣地。

好东西是对比出来的。同样是抗战,重庆的国民党政权把希望寄托在英美支援上,寄托在美军参战扭转战局上,不着边际的"速胜论"很快被现实打破;而毛泽东从一开始就主张,要把方针"放在自己力量的基点上,叫作自力更生"。

写下《红星照耀中国》的埃德加·斯诺在延安看到,中国共产党"在没有俄国物质支援的情况下建立自己的军队,打出自己的江山","因而自然培养了一种自信、自力更生和独立思考的精神"。

其实,这种自力更生的精神早有渊源,当毛泽东等中国共产党人决心"上山"走出中国自己的武装革命道路时,就开始寻找自己干革命、不仰人鼻息的办法。

当时,红军在江西南部落脚,但赣南地区山多地薄,仅仅依靠打土豪和根据地人民交粮交税显然是解决不了数万红军的给养问题的。毛泽东想了一个办法，搞工商业，开矿！

赣南矿业资源丰富，其中钨矿储量最多，当年赣南钨砂的储量和产量，都居世界第一。

矿产有了，销路也不缺。当时，德国经济开始复苏，军事工业急需大量钨砂，主要通过在广东开设的公司大量买入。

于是，时任中华苏维埃共和国国家银行行长毛泽民被派到赣南，组建了公营铁山垅钨矿，成立"中华钨矿公司"，统一组织生产和收购钨砂，钨砂的销路有了保证，政府收购价格实惠，矿工多产砂，多挣钱，生产积极性自然提高。公司也迅速由最初的500名工人发展到后来的5000名工人。

广东军阀陈济棠得知钨矿是块大肥肉，便派兵来夺，遭到红军痛击，只得与红军秘密达成协议，通过放开中央苏区与广州外国公司做钨砂生意的通道，赚取利益。据资料统计，1932年至1934年长征前，中华钨矿公司创造的贸易总收入达620万元（光洋）。这笔巨大的财富，为保持中华苏维埃红色政权的正常运转及解决10万红军指战员的吃饭穿衣问题发挥了不可替代的作用。

到了艰苦卓绝的抗战时代，同样的问题又摆在了中国共产党面前。抗战进入相持阶段后，众多抗日根据地在日寇封锁扫荡下严重削弱，国民党又以各种借口停发八路军、新四军给养，并调动军队封锁陕甘宁边区。面对空前困难，难道只能困死、饿死？只能解散边区、解散人民军队？

毛泽东的回应很干脆——"自己动手，丰衣足食"，迅速动员军民开展大生产运动。他以身作则，在杨家岭开辟菜地，种植辣椒、西红柿等。朱德也身体力行，和身边人员一起开垦了一个3亩地的大菜园，还亲手种出一个大冬瓜，在边区生产展览会展示时引起轰动。

这其中，最引人注目的是在南泥湾开荒的359旅。这支部队1940年年底到南泥湾时，面临的困难可谓"大于天"：一是缺少粮食，边区政府虽然解决了一些粮食供给，但部队奉命背粮食时发现，连背粮食的袋子都没有，战士们只好把裤子的裤脚扎起来当袋子，或者用被套做粮袋；二是缺乏生产工具和基础设施，别说开荒用的镰刀、铲子没有，连住的窑洞也没有。可是经过4年的自力更生，这支部队开荒26万余亩，收获粮食37000石，上缴公粮1万石，还挖了1300多孔窑洞，建起600多间房屋，硬是靠着开荒种地创造了人类军事史上的奇迹。

一贯主张自力更生的毛泽东更是有感而发："只要我们自力更生，吃的用的穿的就全都有了。目前我们还没有外援，假如有了外援，还是要以自力更生为主；我们不能像国民党，他们连棉布都得靠外国。"

这份自力更生的气概，也被中国共产党人注入中华人民共和国的气质中。

中华人民共和国成立初期，一穷二白，工业基础几乎为零。中国不仅造不出一辆汽车、一辆坦克，甚至都造不出合格的螺丝钉。

当时，中国实行"一边倒"政策，苏联在帮助中国发展现代工业的同时，也提出了所谓的"国际分工论"，要求中国好好融入"社会主义大家庭"，像东欧一些国家主要搞农业、轻工业，配合苏联搞重工业、国防工业、核工业等。国内也有人主张，按照苏联设计的路线走就行了。

对这些声音，周恩来柔中带刚，一锤定音："国家建设是以国内力量为主还是以国外援助为主？我们的回答是以国内力量为主，即自力更生为主。小国应该这样，有4.5亿人口的大国更应该这样。"

一直以来，周恩来就有一个中华人民共和国的"大工业之梦"，并努力推进和实践。他在1956年提出并阐明中国要建立独立工业体系的思想："中国要能够生产足够的主要的原材料；能够独立地制造机器，不仅能够制造一般的机器，还要能够制造重型机器和精密机器，能够制造新式的保卫自己的武器，像国防方面的原子弹、导弹、远程飞机；还要有相应的化学工业、动力工业、运输业、轻工业、农业等。"

他还指出，建立这一体系，专门靠国际援助的依赖思想是错误的，应该主要依靠自力更生，但不放弃争取外援。

如今，中国的"两弹一星"早已成功，载人航天工程正不断向太空更深处发起冲击；空间站建设也已经有了长足进展；神威太湖之光运行速度已经远远地甩下其他国家，更值得告慰周总理的是，中国有了自己的大飞机，而且拥有自主知识产权。

这种关于外援的辩证思维，对中国的科技发展进步更是影响深远。自力更生为主，不排斥外援，不排斥引进外来先进技术经验，这一思路成了中国科技人员攻坚克难的重要方法。

这其中最突出的例子是中国高铁。2004年，中国还是一个出巨资向德国、日本等国家购买高速列车的技术引进国，但不到十年时间，中国就已经逆袭成为高铁技术输出国，输出对象国除了亚非拉一些第三世界国家，甚至还包括美国等西方发达国家。

对于中国高铁的"天翻地覆"，有些人归结为通过向德国、日本"市场换技术"的战略成功了。这是一种片面且简单的理解，有悖事实真相。中国高铁成功的根本原因就在于中国高铁技术存在着引进之外的来源，即中国铁路人通过自力更生逐步掌握了高铁行业的核心技术，有自力更生为基础，中国铁路人最终把从西门子、川崎、庞巴迪等不同国家高铁企业引进的各种技术进行消化、吸收、再创新，融会贯通，从而练成"北冥神功"，一举超越同行。归根到底，中国高铁的成功，靠的还是自力更生。

可以说，过去的近100年，中国共产党引领中国社会在经济、科技等各方面突飞猛进，国际地位日益提高，正是"独立自主、自力更生"的胜利。邓小平在和外国朋友介绍中国共产党"创业经验"时，曾自豪地说："我们向第三世界朋友介绍的首要经验就是自力更生。"

新的历史时期，实现中华民族伟大复兴的中国梦，中国企业要走出去，签下更多的海外大单，中国制造要强起来，无惧任何市场的挑战和挤压，依然需要这种自力更生的精气神。

四、走自己的路要有坚定的信心

1991年12月25日，苏联国旗从克里姆林宫上空缓缓降下，苏联总统戈尔巴乔夫黯然下台。

在中国人眼中，论建设社会主义，苏联绝对是创业"模板"一样的存在。苏联共产党的创业模式总是被不少社会主义国家或多或少地借鉴、拷贝，他们开发的"操作系统"更是曾占据社会主义的主流。

更何况，苏联的创业团队一度非常强大，不仅战胜了穷凶极恶的纳粹德国，更有绝对实力在"二战"后与美国对峙、抗衡。一些人甚至笃定，这样孔武有力的苏联"老大哥"，有能力带领各国共产主义者把"创业"红旗插遍全世界。

万万没想到，苏联这个社会主义的创业"权威"瞬间就解体了。该如何看待他们的创业模式？其他创业团队下一步怎么办？

对于这样的变局，竞争对手们纷纷跳出来弹冠相庆、混淆视听。美国学者弗朗西斯·福山更是自信地抛出了"历史终结论"，皇皇万言，情绪多，灼见少，其观点一言以蔽之就是，共产主义已死，西方民主最终取得胜利。这种观点得到了西方社会的欢呼。

俄罗斯人自己则陷入无尽反思。2005年，俄罗斯总统普京在国情咨文中慨叹："苏联的解体，是20世纪最严重的地缘政治灾难，对于俄罗斯人民来讲，它是一场真正的悲剧。"

而对东欧剧变、苏联解体后仍然坚持社会主义道路的中国而言，渲染情绪、伤怀过去都毫无意义，当务之急是如何应对"共产主义不行了""马克思主义不灵了""社会主义道路走不通了""红旗还能打多久"的各类疑问。

在这样的历史性时刻，邓小平站出来说："世界上一些国家发生问题，从根本上说，都是因为经济上不去，没有饭吃，没有衣穿，工资增长被通货膨胀抵消，生活水平下降，长期过苦日子。"

邓小平的话可谓一语中的。在纷乱的国际政治格局变化中，他指出，对东欧剧变的态度，"概括起来就是三句话：第一句话，冷静观察；第二句话，稳住阵脚；第三句话，沉着应付。不要急，也急不得。要冷静、冷静、再冷静"。

有了态度，紧跟的是行动。在苏联解体20多天后的1992年1月18日，邓小平一路南下。他去的地方，就是当时中国改革开放的最前沿。在南方谈话中，他为中国共产党人指明了改革方向。

邓小平说："一些国家出现严重曲折，社会主义好像被削弱了，但人民经受锻炼，从中吸取教训，将促使社会主义向着更加健康的方向发展。因此，不要惊慌失措，不要认为马克思主义就消失了，没用了，失败了。哪有这回事！"

他说，不坚持社会主义，不改革开放，不发展经济，不改善人民生活，只能是死路一条。

他说，西方不要高兴得太早。

他说，世界正在出现大转折，这是我们的机会。

他这样说，是有底气的。

第一，中国不是苏联，中国共产党这个创业团队很早就注意到了苏联模式的弊端，并始终坚持独立自主的社会主义道路。

中华人民共和国成立初期，确实大力学习苏联。毛泽东当时多次提到，我们在经济建设问题上要学习苏联。他们那里有现成的经验，这些经验也是成功的。他们已经"建成了光明灿烂的社会主义社会"，我们为什么不学？

不过，对照搬苏联的经验，毛泽东"总觉得不满意，心情不舒畅"。1955年年底，毛泽东提出了"以苏联为鉴戒"、走自己的路的建设思路。据吴冷西回忆，苏共"二十大"之后，毛泽东和中共中央其他领导人明确要求借鉴苏联的经验教训，探索自己的路。"他们（苏联）走过的弯路，你还想走？"1960年7月18日，毛泽东在得知苏联政府发出照会撤走专家后，下决心独立自主地搞尖端技术。

正是在他的坚持下，中国迅速研制成功了原子弹、氢弹，发射了导弹、人造卫星，还在较短时间里借鉴苏联经验建立了比较完整的独立的工业体系。在这个过程中，毛泽东不断跳出苏联模式、苏联经验，结合中国的发展，先后提出"鞍钢宪法""工业学大庆"等学习典型，要求工人参加企业管理，干部以普通劳动者姿态出现，企业实行民主管理。这使得整个中国工业体系乃至每个重要企业，从一开始就带有鲜明的中国色彩，而不是照搬苏联模式形成的"衍生物"。

第二，中国不是苏联，中国既认识到改革的必要性，又从未丧失自身的道路自信。

在戈尔巴乔夫主导的苏联改革进程中，丘拜斯、盖达尔等经济学家、哲学家、政治学家成为当时舆论场上备受推崇的人物，而他们的言论主张不离两点，就是所谓的"经济上市场化，政治上民主化"。实际上，他们怀疑社会主义的一切，主张放弃共产主义信仰，对苏联社会主义建设道路充满怨念和嘲讽，而对拜金主义、享乐主义和实用主义等趋之若鹜。

尤其是盖达尔这种"完全美国化的专家""芝加哥小男孩"，把西方经济学教科书上的东西当作至宝，视苏联社会长久以来的发展经验和成就如同粪土，弃之唯恐不及。他在改革领域的话语权快速上升，表明了苏联人对社会主义道路的信心已经严重透支。一些掌握话语权的精英主张的市场化就是西方市场化经济制度，民主化就是西方所谓的选举民主制度。这样一切向西看，西方说了算，唯西方马首是瞻，岂能不自毁长城？

苏联解体渐渐尘埃落定，中国的改革怎么办？

面对外部的各种喧嚣，中国共产党很快确立了"四项基本原则"，坚定地将社会主义大旗扛住，又推出了建设社会主义市场经济这一新理念。中国的GDP从1991年的2.20万亿元，到2019年的接近100万亿元，自2010年以来牢牢占据全球第二大经济体的位置，与美国等发达国家的差距不断缩小。

中国没有被"和平演变""颜色革命"所蛊惑，没有改旗易帜，更没有一切向西看，不但经济起来了，而且比俄罗斯和东欧的很多转轨经济国家发展得更好更快，成就了一条实实在在的发展道路。

时至今日，习近平等中国共产党人仍在强调，"改革必须坚持正确方向，既不走封闭僵化的老路，也不走改旗易帜的邪路"。这句话充满着自信：一个对前途充满希望的人绝不会走歪门邪道，一个对自身命运负责任的国家在道路问题上绝不会犹豫徘徊、妄自菲薄。同时，中国的成功与自信，也让科学社会主义这一"创业项目"，重新焕发生机活力，成为新的案例，被更多发展中国家拿去学习、参考。

这回轮到一些西方国家坐不住了。

本来，苏联的创业项目彻底失败后，西方欢呼"历史的终结"，就是要告诉所有国家：想实现现代化没有别的选择了，苏联的社会主义之路完了，想现代化就只有所谓的西方民主这一条路。

然而，现在连"历史终结论"的鼓吹者福山也站出来承认：一场历史性竞赛在两种相互竞争的发展模式间展开，一方是中国，另一方则是美国和其他西方国家。

美国律师章家敦，2001年就出版了《中国即将崩溃》一书，孜孜不倦地宣传所谓的"中国崩溃"论。虽然这种分析从来没准过，章家敦却坚持得"无怨无悔"。因此，他被中国网友封赠了"战略忽悠局"资深人士、"国际友人"的戏称。

空头大师詹姆斯·查诺斯，看空中国经济增长，看空中国金融业，看空中国楼市，他旗下的对冲基金更是坚持不懈地做空中国5年整，其市值一度缩水一半，而在他号召（忽悠）下坚持"做空中国"的华尔街资本，也被曝光在2017年尤其痛苦，遭受了逾350亿美元的损失。

他们的遭遇告诉我们，中国是世界上最没有理由被唱衰的国家，中国人也最没有理由对自己国家的未来感到悲观。

苏联曾手把手教中国建设社会主义，用自己的辉煌成就让我们对这个创业项目充满信心；后来，它又以自己的黯然"出局"给中国做了最好的"反面教员"，帮我们认清来时的路，走好下一步。感谢苏联这个创业道路上最好的"教员"，它给了我们最坚定的答案：既不走封闭僵化的老路，也不走改旗易帜的邪路。

第三章

"泥腿子" 如何打天下

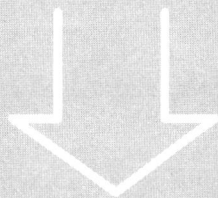

1928年1月，毛泽东带领工农革命军攻下遂川县城。为巩固红色根据地，他指示遂川县委书记陈正人起草一个遂川工农兵政府施政大纲。

　　陈正人连夜写好了《施政大纲》初稿，总共30多条，涉及方方面面，马上送毛泽东审阅。毛泽东看后认为："内容可以了，但有些条文不够通俗。当地老表都是些脸朝黄土背朝天的泥腿子，一辈子都没有进过学堂门，他们就不一定懂了。"他拿起笔来，从头看起，一条一条地认真修改：把初稿中的"废除债务"，改成了"借了土豪的钱不要还"；把"废除聘金聘礼，反对买卖婚姻"，改成了"讨老婆不要钱"；把"反对虐待儿童"，改成了"反对大人打小孩"……经过修改后的《施政大纲》，普通人不但一看就懂，而且朗朗上口，很好记。即使是不识字的人，听别人念一遍，也能完全明白。

　　工作忙碌的毛泽东为何要亲自为一个县的《施政大纲》改稿子？因为他从秋收起义后就明白，要闹革命，就得深入工农，带动这些"泥腿子"为穷人打天下。而从井冈山时期开始，如何在山沟里进行革命，如何将这支"泥腿子"组成的草根队伍打造成胜利之师，如何让这支队伍走出山沟争取一个个胜利？中国共产党人有独特的成长秘籍——实事求是。

一、山沟里也能出马列主义

1939年8月，周恩来因伤赴莫斯科治疗。在治疗期间，他向共产国际提交了一份《中国问题备忘录》，并做口头报告，使他们了解中国革命的情况。看完周恩来的报告，共产国际提出一个非常尖锐的问题："中国共产党老在农村、山沟里活动，离工人阶级太远了，能否保持工人阶级先锋队的性质？"

周恩来回答道："虽然我们在山沟里活动，但在毛泽东的领导下，我们能够通过思想建设，把党组织建设成工人阶级先锋队。"

这个回答并未让共产国际当时的一些人感到满意，他们对中国共产党依然充满疑问：山沟里能出马列主义吗？

从莫斯科归来的所谓"正宗海归"、共产国际的"好学生"王明等人其实对这个问题质疑得更早，并快速给出了自己的结论。在他们眼中，自己才是正统的布尔什维克，理论精深，外语熟练，能引经据典，在山沟沟里打转的毛泽东这些人哪有这个水平？至于在中国实践马列主义，就必须坚持十月革命采取的中心城市武装起义道路，毛泽东那种山沟里游击战的套路只不过是"土包子"的"经验主义"，根本不是马克思主义。

后来背叛革命事业的张国焘也认为，毛泽东带领队伍上井冈山采取的是《水浒传》里宋江在水泊梁山啸聚山林那一套，带有浓厚的农民叛乱色彩，不是无产阶级革命。林彪也曾在红军队伍中散发对红军前途表示悲观的意见信，对开辟农村革命根据地态度消极。

然而，无论是共产国际的亲自上手，还是王明的一再冒动，都只证明了一点："教条主义者"硬要夺取大城市，无异于以卵击石，只会使中国的革命力量严重受损。靠背诵马列主义经典书籍，以及照搬苏联革命经验，在中国是"出不了马列主义"的。恰恰是毛泽东的"山沟里的马克思主义"，让中国共产党最终品尝到了创业成功的喜悦。

针对中国产业工人数量少，农民和小资产阶级数量庞大的社会现实，毛泽东这些山沟里的共产主义者创造了全新的革命路线，即把思想建设放在党的建设的首位，进而加强组织建设，把党员干部，包括出身农民、小资产阶级的党员干部锻造为无产阶级战士。

毛泽东从一开始就认识到，"边界各县的党，几乎完全是农民成分的党"。农村经济文化落后，士兵甚至干部普遍属于"泥腿子"的现实情况，会对中国共产党产生影响，"趋向会发生问题"。而《古田会议决议》，就是解决这一问题的务实举措，从后来中国共产党以及中央苏区的各种政策方针来看，"山沟里的马克思主义"与那种打家劫舍、杀富济贫的"梁山泊主义"完全不同。

针对中国各地发展不均衡、反动势力在大城市控制力强的特点，毛泽东提出了"工农武装割据"的思想，指出以农村包围城市、武装夺取政权的革命道路。他用"星星之火，可以燎原"来描述当时的形势，指出全国都布满干柴，很快就会燃起烈火，革命力量虽小，但发展很快。这一契合中国革命实际的论断，很快打退了一些人"红旗还能打多久"的消极情绪，鼓舞了红军指战员在山沟里建设马克思主义并在全国争取彻底胜利的信念。

在毛泽东的指挥下，红军迅速扩大，井冈山的革命经验也迅速为全国革命者所学习，最终让中国共产党经过短短3年多的奋斗，在全国231个县、1910万人口中建立了县以上的苏维埃政权。

面朝黄土，胸怀天下。中国共产党为何能在山沟里成功实践马列主义？法宝何在？

很简单，实事求是。

毛泽东就是靠这一点走到了历史舞台的中央。

这位来自湖南农村的读书人，对于脚踏实地的考察分析有特别强烈的"爱好"，这让他很早就接触到中国真实的基本国情。通过行走在湖南农村，毛泽东写出了《中国社会各阶级的分析》《湖南农民运动考察报告》等经典作品，为后来创建工农红军、开展武装斗争做了充分的知识储备。

1930年5月，毛泽东在《反对本本主义》这篇著作中，提出了著名的三大论断：第一，没有调查，就没有发言权；第二，反对本本主义；第三，马克思主义"必须同我国的实际情况相结合"。

这一时期，毛泽东还在当时的中央苏区进行大量的实地调查，写出了《长冈乡调查》《才溪乡调查》《兴国调查》《寻乌调查》等多份调查；张闻天、刘少奇则从苏区实际出发，将从苏联照搬来的《劳动法》中不符合中国国情的条文删除，试行合乎苏区经济条件的新《劳动法》。

　　这份实事求是的精神，还在长征中挽救了中国共产党。

　　长征开始后，广大红军将士从"第五次反围剿"以及湘江战役等屡屡失利的现实中逐渐认识到，违背实事求是的精神、排斥毛泽东的正确领导，是造成红军危局的主要原因——不解决这个问题，红军就走不出国民党已经布好的口袋阵、包围网。最终，遵义会议确定了毛泽东的领导地位，结束了李德等人军事上的错误指挥。此后，毛泽东很快根据敌我情况，及时修改作战计划，四渡赤水，巧渡金沙江，最终把落脚点选在了陕北，彻底改变了中国革命的命运。

　　这种实事求是的精神，最终彻底拯救了这份从山沟里开始的社会主义事业。

　　1978年，邓小平第三次复出工作时，整个国家问题成堆，形势十分严峻，他首先做的就是推动开展真理标准问题的讨论，坚持"实事求是，是毛泽东思想的出发点、根本点"。复出后不久，他就坚决推翻了教育领域的"两个估计"。

　　"两个估计"产生于1971年"四人帮"修改定稿的《全国教育工作会议纪要》，内容是："文革"前的17年教育战线是"资产阶级专了无产阶级的政"，是"黑线专政"；知识分子的大多数，世界观基本上是资产阶级的，是资产阶级知识分子。这一论断全面否定了中华人民共和国成立后17年的教育工作。1977年，在听取教育部关于招生工作的汇报时，邓小平对"两个估计"错误论点进行回击。他说，基本上要用毛泽东"绝大多数是好的"的话，要讲毛泽东思想体系，要讲毛泽东说过的"老九不能走"。

在邓小平的推进下，不仅教育领域迅速拨乱反正，整个中国都开启了新的征程。

中国共产党为何能在山沟里实践马列主义，中国共产党为何能带领中国不断取得胜利？邓小平有一个结论："过去我们搞革命所取得的一切胜利，是靠实事求是；现在我们要实现四个现代化，同样要靠实事求是"，"我们改革开放的成功，不是靠本本，而是靠实践，靠实事求是"。

这种在山沟里也能干出大事业的法宝，中国共产党没有丢。

二、草根队伍，一样能创业成功

从山沟里走出来的中国共产党，曾被自己人质疑是"土包子"，被日本侵略者蔑称为"土八路"，被国民党视作"泥腿子"。

这个创业团队，在初期的成长道路上，草根特色确实非常浓重，他们如何战胜一个个自以为是"精英"的对手？

真正强大的团队，不是学历光鲜、资历灿烂、精英荟萃的团队，而是能把草根力量淬火重铸成招之即来、来之能战的战斗精英的团队。

在这一点上，中国共产党这个创业团队做得极好。他们有这几条领导草根团队的好办法。

第一，重视精英骨干。

扎根草根、动员草根，是在山沟里干事创业的中国共产党的重要特点，但中国共产党从来都不是所谓的"草根政党"。在近百年的创业史里，中国共产党始终十分注意团结社会精英，始终把精英作为革命、建设和改革的骨干。

在中国历史上，许多出自社会底层的革命运动和政治集团，具有强烈的草根性。毛泽东对这种草根运动中的"梁山泊主义"一直高度警惕。在《古田会议决议》中，毛泽东就痛斥"极端民主化""非组织观点""绝对平均主义"等八种错误思想，其中不少错误思想当时就弥散在井冈山的一些革命者之中。

从一开始，中国共产党这个创业团队就与啸聚山林的草莽队伍、"绿林好汉"划清了界限。在延安时，他们吸引了许多优秀的爱国青年参加抗战；进北京后，他们及时调整政策，吸引了钱学森等一流的爱国知识分子回国参加祖国建设；改革开放以后，他们又提出了"尊重知识、尊重人才""科学技术是第一生产力"等口号和具体政策，大量优秀知识分子走上领导岗位，大大推动了中国的发展崛起。

第二，由精英成员带动草根成员学习成长。

其实，中国共产党这个创业团队从一开始就有很浓厚的精英气质。中共"一大"13位代表，很多都是大学生或留学生，最初的党员中不乏出身名门、学有所成者，倡议建党的陈独秀、李大钊更是当时名满中国的大学问家。

这份气质，在中国共产党在山沟里干事创业时依然浓重。毛泽东在大革命时期就是知名的农民运动专家，还担任过国民党中央宣传部代理部长；张闻天、王稼祥等中央领导成员不少都曾留苏深造；朱德、刘伯承、董振堂等红军将领不仅出身知名军校，而且加入红军前就已经是名将，陈赓、林彪、左权等后起之秀，也出身黄埔军校，资历非凡。

用现在的话来说，这个蒋介石眼里的"泥腿子"团队藏龙卧虎，"大咖"很多，耳濡目染之下，很多后进的革命者迅速成长。

1927年，时任浙江省委书记张秋人在杭州被捕，因于浙江陆军监狱。在狱中，他自知必死无疑，仍然坚持读书，每天读书五六个小时，天黑就向难友们讲各国革命史，鼓舞大家坚持斗争。临牺牲前一晚，他还给难友上了最后一课。他说："我们共产党人，活一天就要为革命工作一天，在监狱里既然不能为革命工作，就要认真学习，岂能坐以待毙！"这句话影响了他身边一位年轻的难友——薛暮桥的一生。这位当时只有24岁的年轻铁路工人，在3年牢狱生活里学习了世界语、世界历史以及苏联的政治经济学，从此开始了自己的学术生涯，最终成为新中国著名的经济学家。到了晚年，薛暮桥仍念念不忘当年的"监牢大学"，称"他（张秋人）勤奋学习的精神，永远铭记在我们的心里"。

除了学习精神，"大咖"言传身教更让一些年轻的团队成员学到"干货"，迅速成长。大将粟裕被人们称为"常胜将军"，其实，他也是由普通战士成长为开国大将的。1927年粟裕参加南昌起义，是叶挺麾下24师的普通一员，在朱德、陈毅的率领下加入井冈山队伍。从此，他在毛泽东的影响下，学习如何建根据地、打伏击战，逐渐成长，在井冈山时就已经是小有名气的"青年战术家"。

第三，为所有草根成员创造学习条件。

长征时，为使更多的人学习文化，红军各部队尽其所能地创造条件，为战士们读书识字提供方便。通常情况下，如果红军在一个地方驻扎时间较长，就会想方设法设置一间供战士学习的"列宁室"。操练间隙，许多红军战士会在这里坚持上课和读书识字。为帮助战士们学习文

化，红军还创造出很多学习方法。比如，在行军途中，宣传员会在前面的战士的背包上挂一块小木板，上面写上几个字，供后面的战士学习。日积月累，战士们能认识不少字。有的文艺工作者甚至创作了顺口溜和快板诗来指导战士学习。

到达延安后，中国共产党先后创办20多所院校培养各种人才尤其是抗战人才，其中最有名的是被称为"抗大"的中国人民抗日军政大学，毛泽东亲自为这所大学题写"团结、紧张、严肃、活泼"的校训。抗大学生学习条件很差，"认字就在背包上，写字就在大地上，课堂就在大路上，桌子就在膝盖上"。就是在这样的条件下，抗大成了人才的熔炉，许多学员后来成为我党我军的领导骨干。

第四，鼓励有潜力的干部"学中干，干中学"。

创业之初，一大问题是人才奇缺。从外引进毕竟数量有限，草根干部则能力有限。怎么办？

中国共产党没有"等靠要"这种说法，而是鼓励有潜力的干部"学中干，干中学"。

李先念，出身湖北黄安（今红安）农民家庭，只读过几年私塾就被迫辍学当上了木匠。他参加红军后，因为能力突出而迅速被提拔重用。当上红军指挥员后，他深感知识不足，就从头学起，骑马、射击、行军、宿营、布阵、战场指挥，他坚持在工作中不断学习；他当团政委时，就跟下属的营长学习"怎么下命令，什么是前卫、后卫"。总结自己从"小李木匠"成长为革命家的历程时，他说："我是一穷二白，一无所有，什么工作方法、指挥水平、领导艺术，都是学来的。"

早在1939年，毛泽东就指出："我们队伍里边有一种恐慌，不是经济恐慌，也不是政治恐慌，而是本领恐慌。"1949年，七届二中全会又号召所有党员干部为建设新中国而学习，学会管理和建设城市。

鼓励干部学习新本领，"学中干，干中学"，凭借这一法宝，这个草根团队不断成长，顺利解决了团队建设问题，战斗力不断得到提升，最终取得了抗日战争、解放战争的胜利。中华人民共和国成立后，这些拿惯了枪杆的"泥腿子"又走进城市，开始钻研社会政治、经济、文化建设，不少人成为新领域的"大咖"。

三、打天下必须有实事求是的优秀领导团队

"火车跑得快，全靠车头带。"带领中国共产党干事创业的这个"火车头"，可谓"前无古人"。

这个领导团队是最优秀的，但这个团队也是历经磨难的。

遵义会议召开之前，中国共产党面临的形势是，"第五次反围剿"失败，中央红军损失惨重，被迫长征。然而长征伊始的军事指挥错误，让这支队伍陷入了前有敌人围堵后有追兵迫近的困境。

怎么办？

遵义会议开得正逢其时。此次会议解除了以李德、博古为代表的"左"倾教条主义者的军事指挥权，取而代之的是一个坚持将马列主义与中国实践相结合的领导团队！在这个团队的指挥下，错误得以纠正，队伍重拾信心，长征取得胜利。

邓小平曾这样评价党史上的领导集体：遵义会议以前，我们的党没有形成过一个成熟的党中央。……我们党的领导集体，是从遵义会议开始逐步形成的，也就是毛刘周朱（分别为：毛泽东、刘少奇、周恩来、朱德）和任弼时同志，弼时同志去世后，又加了陈云同志。

回顾历史不难发现，在中共"七大"形成以毛泽东为核心的领导集体以前，中国共产党领导人一度频频更换，领导集体的成员流动性很大。从陈独秀、瞿秋白、向忠发、李立三到王明，中央始终没有形成有足够能力引领全国革命，与国民党反动派做坚决斗争的领导集体。这种局面，与当时斗争环境恶劣、共产国际影响以及部分领导人能力局限等诸多因素有关。

成熟稳定的领导集体，对于中国共产党这样的创业团队而言极为重要。只有拥有成熟稳定的领导集体，才能保证决策方针被贯彻落实，才能让团队产生凝聚力，形成战斗力。

领导团队的优秀，源于成员的优秀。

巴基斯坦前总理阿里·布托说，像毛泽东那样的人物，在一个世纪，也许1000年里只能产生一位。

英国学者、《中国季刊》主编迪克·威尔逊说，周恩来是一位巨人，不仅在中国舞台上，在世界舞台上也是这样。

美国学者卢西恩·派依说，邓小平成为中国历史上一个时代的象征，在这个时代中国打破了它的封闭性。

这个领导团队是有核心的。

关于核心的重要性，1989年6月16日，邓小平说过这么一段话：

任何一个领导集体都要有一个核心，没有核心的领导是靠不住的。第一代领导集体的核心是毛主席。因为有毛主席做领导核心，"文化大革命"就没有把共产党打倒。第二代实际上我是核心。因为有这个核心……党的领导始终是稳定的。进入第三代的领导集体也必须有一个核心，这一点所有在座的同志都要以高度的自觉性来理解和处理。

关于核心的地位，邓小平也有非常直接的论述——

开宗明义，就是新的常委会从开始工作的第一天起，就要注意树立和维护这个集体及这个集体中的核心。只要有一个好的政治局，特别是有一个好的常委会，只要它是团结的、努力工作的、能够成为榜样的，就能在艰苦创业反对腐败方面成为榜样，什么乱子出来都挡得住。

就像优秀的领导团队是历史和人民的选择一样，中国共产党领导核心的形成，也是历史和人民的必然选择。

东方红，太阳升，中国出了个毛泽东。

毛泽东一开始并不是核心。他虽然作为代表出席了中共"一大"，但当时仅仅是书记员。直到遵义会议之后，才逐步成为军事领导方面的核心。1945年举行的中共"七大"，确定把马克思主义中国化的产物——毛泽东思想作为全党一切工作的指针，由此，毛泽东在党内的核心地位正式形成。

毛泽东作为中国共产党第一代领导集体的核心，历史功绩卓著。邓小平说："没有毛主席就没有新中国。"习近平说："毛泽东是领导中国人民彻底改变自己命运和国家面貌的一代伟人。"

列宁曾说："历史早已证明，伟大的革命斗争会造就伟大人物，使过去不可能发挥的天才发挥出来。"而这种天才的发挥，正在推动中国共产党事业不断向前，再向前。党的十八大以来，在以习近平同志为核心的党中央的坚强领导下，党和国家事业发生了历史性变革、取得了历史性成就，中国特色社会主义已经进入新时代。

四、用好统一战线，永远的胜利法宝

孟子云："得道者多助，失道者寡助。寡助之至，亲戚畔之。多助之至，天下顺之。以天下之所顺，攻亲戚之所畔，故君子有不战，战必胜矣。"

对统一战线重要性的认识，中国共产党也经历了一个过程。

第一次国共合作，中国共产党基本上是被共产国际推着走的。一方面，当时共产国际给中国共产党的定位是，"作为一个宣传团体会更好一些"。另一方面，年轻的中国共产党人还比较稚嫩，对保持独立自主性缺乏认识，也没有意识到"枪杆子里出政权"。在这种情况下，第一次国共合作以大革命的失败告终。

从1927年到1937年，这10年里，中国共产党对统一战线的认识有了质的飞跃。

1935年，毛泽东指出，要打倒敌人，推翻"三座大山"，必须准备花费长久的时间和聚积雄厚的力量，"党的任务就是把红军的活动和全国的工人、农民、学生、小资产阶级、民族资产阶级的一切活动汇合起来，成为一个统一的民族革命战线"。

在第二次国共合作形成过程中，有很多统一战线的故事流传。

1936年，民众呼吁全民抗战的声浪日益高涨。蒋介石对此无动于衷，依然把矛头对准中国共产党。不过，国民党内部并非铁板一块，许多爱国人士、军方将领都主张联合抗日，特别是在西北地区地位举足轻重的张学良、杨虎城，态度尤为积极。张学良是张作霖之子、东北军少帅，与蒋介石是结拜兄弟，几次要求中共中央派代表到西安，共同商讨军事合作问题。中国共产党如果能争取到张学良的支持，不仅有助于红军在西北地区的发展，与蒋介石建立抗日统一战线也将大有希望。

这个任务落在了叶剑英肩上。那段时间，叶剑英多次到西安与张学良会谈，在停止内战、联合抗日等诸多问题上达成共识，红军也得到了张学良"真金白银"的帮助：一次是借款5万银圆、棉衣1万套，张学良答应得很爽快；一次是借款10万银圆，张学良也是慷慨允诺。

当然，红军也积极帮助张学良。有一次蒋介石让张学良出兵跟红军正面交锋，叶剑英向中共中央汇报后，红军及时调整策略，避免了冲突。事后，张学良感谢叶剑英说："共产党真够朋友，你们帮我解了燃眉之急！"

中国共产党的主动争取和后来西安事变的和平解决，终于迎来了第二次国共合作。

1937年9月下旬，国民党的中央通讯社发表《中共中央为公布国共合作宣言》，蒋介石也发表谈话，指出团结御侮的必要，实际上承认中国共产党的合法地位。由此，国共两党在经历了10年厮杀之后再度合作，抗日民族统一战线正式形成。

国共合作抗日民族统一战线的建立，"这在中国革命史上开辟了一个新纪元。这将给予中国革命以广大的深刻的影响，将对于打倒日本帝国主义发生决定性的作用"。

进入第二次国共合作后，中国共产党人对统一战线的认识进一步升华。

1939年10月，毛泽东撰写《〈共产党人〉发刊词》一文，在论述新民主主义理论时指出：统一战线、武装斗争、党的建设，是我们党在中国革命中的三个基本问题。正确地理解了这三个问题及其相互关系，就等于正确地领导了全部中国革命。

他说："统一战线、武装斗争、党的建设，是中国共产党在中国革命中战胜敌人的三个法宝，三个主要的法宝。这是中国共产党的伟大成绩，也是中国革命的伟大成绩。"自此，统一战线工作贯彻抗日战争、解放战争以及和平建设时期的全过程。

1949年，筹建中华人民共和国期间，中国共产党争取各方力量参政议政，建立人民民主统一战线。

这一年春天，到北京不过10天的柳亚子突发牢骚，写下了著名的《感事呈毛主席》一诗："开天辟地君真健，说项依刘我大难。夺席谈经非五鹿，无车弹铗怨冯驩。头颅早悔平生贱，肝胆宁忘一寸丹！安得南征驰捷报，分湖便是子陵滩。"

毛泽东接到诗后以一首《七律·和柳亚子先生》回复，诗中写道：

"饮茶粤海未能忘，索句渝州叶正黄。三十一年还旧国，落花时节读华章。牢骚太盛防肠断，风物长宜放眼量。莫道昆明池水浅，观鱼胜过富春江。"

毛泽东诚恳的态度和宽阔的胸怀感动了柳亚子和很多爱国民主人士。

中华人民共和国成立以来，统一战线这个法宝一直为中国共产党所用。习近平多次论述统一战线工作，他说"一人为仇嫌太多，百人为友嫌太少"，提出"只要我们把政治底线这个圆心固守住，包容的多样性半径越长，画出的同心圆就越大"。

五、国际"朋友圈"

面对复杂的斗争局势，中国共产党对一切可以团结的力量的态度非常接地气：团结，建立好自己的国际"朋友圈"。

即便是居于一隅之地，中国共产党仍然不乏千里相问的朋友。1931年9月，中共和日本共产党联合发表宣言，强烈反对日本发动"九一八"事变强占中国东北三省。

1936年6月，美国著名记者、作家埃德加·斯诺成为第一个进入陕北苏区的西方记者。在《红星照耀中国》一书中，斯诺这样描述前去延安时的心情："一天午夜，我登上了一列破败不堪的火车，身上有点不舒服，可是心里却非常兴奋。我所以兴奋，是因为摆在我面前的这次旅行是要去探索一个跟紫禁城的中世纪壮丽豪华在时间上相隔千百年、空间上相距千百里的地方：我是到'红色中国'去。"

在"红色中国"，斯诺受到了中国共产党的热情欢迎，第一次见到了毛泽东、周恩来等中共领导人。他在陕北停留四个多月，把所见所闻写进了书中。1937年10月《红星照耀中国》出版，几乎轰动世界。世界舆论普遍认为这是一部杰作，标志着西方对中国的了解进入一个新时代。

"红色中国"的真相随着《红星照耀中国》的出版被揭开。在此之前，在国民党的舆论封锁之下，有些人否认红军的存在，认为根本没有这么一回事。有些人甚至否认"苏区"的存在，说它是中国共产党捏造出来的。在此之后，延安成了全世界有识之士的关注热点，大批热血青年也争相奔赴革命圣地延安。

这种巨大的影响力让毛泽东及党中央深感震撼。

1937年7月，毛泽东提出中国共产党争取国际援助的指导思想："战胜日寇主要依靠自己的力量；但外援是不可少的，孤立政策是有利于敌人的。"

抗战时期，中共的国际"朋友圈"主要有三类朋友。

一是国际新闻工作者。在斯诺访问陕北之后，他的夫人海伦·斯诺也来到延安访问，写下《红色中国内幕》和《延安采访录》等著作，再次提高了中国共产党在国内外的影响和威望。其他比较有名的记者还有艾格尼斯·史沫特莱和詹姆斯·贝特兰等。

二是国际医务工作者。包括美国的乔治·海德姆、加拿大的亨利·诺尔曼·白求恩、印度的柯棣华、苏联的白列斯托·马里果夫等。其中，中国民众最熟悉的是白求恩。白求恩在1938年率领美国和加拿大援华医疗队到达陕甘宁边区，后来一直在抗战前线救治八路军伤员。1939年白求恩病逝后，毛泽东写下了著名的《纪念白求恩》一文。文中写道："一个外国人，毫无利己的动机，把中国人民的解放事业当作他自己的事业，这是什么精神？这是国际主义的精神，这是共产主义的精神，每一个中国共产党员都要学习这种精神。"

三是参与到各方面建设的国际友人。比如，积极从事工业建设的新西兰人路易·艾黎等人。在毛泽东的支持下，艾黎先后三次到陕甘宁边区，创办了"延安工合事务所"，为发展陕甘宁边区的军用和民用工业倾注心血。燕京大学教授、英国物理学家威廉·班德奔赴晋察冀抗日根据地帮助八路军培养无线电技术人才。著名的《八路军大合唱》由出生于朝鲜半岛的作曲家郑律成创作，这首歌就是后来著名的《中国人民解放军军歌》。安娜·路易斯·斯特朗是中国人民的忠诚朋友，每当中国革命的紧要关头，她都来中国访问。1946年，她第五次到中国访问。正是这次到访期间，毛泽东在延安接受了斯特朗的采访，提出了"一切反动派都是纸老虎"的著名论断。这一论断，让所有进步力量的心情豁然开朗。如何看待国民党政权及其所依傍的帝国主义势力，如何让革命军队采取正确的战略战术，推翻国民党的反动统治，人们都能从中得到答案。

中华人民共和国成立后，中国共产党成为执政党，设立专门机构维护和拓展国际"朋友圈"：1951年年初，中国共产党中央对外联络部成立，王稼祥任首任部长。其主要联络对象为东方国家共产党。中共"八大"之后，中联部的架构基本成形。自此，中国共产党党际外交更加主动。

时至今日，中国共产党的国际"朋友圈"越来越广。中共中央对外联络部数据显示，中国共产党已同世界上160多个国家和地区的600多个政党和政治组织建立不同形式的交往和联系。2017年的中国共产党与世界政党高层对话会，有来自120多个国家的近300个政党和政治组织领导人出席。

第四章

"谦虚、谨慎、不骄、不躁"，"绝不学李自成"

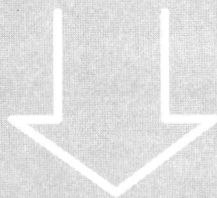

1944年3月，郭沫若在重庆《新华日报》上发表文章《甲申三百年祭》。

远在延安的一位读者看到这篇文章后，非常高兴。他写信给郭沫若表示："你的《甲申三百年祭》，我们把它当作整风文件看待。小胜即骄傲，大胜更骄傲，一次又一次吃亏，如何避免此种毛病，实在值得注意。"

你肯定已经猜出来了，这位读者是毛泽东。

对这篇文章，他肯定牵肠挂肚了很久，以至于五年后，他在前往北京，准备在此成立中华人民共和国时，仍念念不忘地提醒同志们切不可骄傲大意，必须时刻保持忧患意识和头脑清醒。

他的原话是这样的：

"今天是进京的日子，进京赶考去。绝不学李自成，我们都希望考个好成绩。"

"绝不学李自成"，念念不忘，必有回响。

一、吃一堑长一智，创业要切合实际

对处在创业初期的中国共产党而言，要求每一次都准确地抓住转型的那个点，实在是有点苛刻。毛泽东说："没有调查就没有发言权。"没有调查就预判并错误决断的亏，中国共产党吃过不少。

第一次是大革命时期，"年幼"的中国共产党吃了不重视武装斗争、放弃革命领导权的亏。

中国共产党不是没有提过武装斗争。"一大"党纲中，第一条就是"革命军队必须与无产阶级一起推翻资本家政权"。也不是没人主张过武装斗争，北伐战争前，在湖南的毛泽东就积极动员农民配合即将到来的北伐军事行动。但是，早期中国共产党人所讨论的武装斗争仅限于"工农兵最后一次总的联合武装暴动"。

上海中国共产党早期组织成员之一施存统在《我们要怎么样干社会革命？》一文中提出，干社会革命最有效力的方法，就是让有觉悟的学生到无产阶级和兵士团体里做宣传，"等到无产阶级和兵士相信社会主义的多了，然后三者团结一致，利用机会，猛然干起社会革命来，把那个地方的政权夺在我们手中，凭借政权来建设社会主义经济组织"。

1924年9—10月，中国共产党领导人还批评孙中山的军事行动，强调革命的步骤是"由宣传、而组织训练、而武装暴动"，应"在一切民众中做扩大的政治宣传，组织工人、农民、兵士的大民众"，以准备全国的"大暴动"。

宣传—组织训练—武装暴动，这是彻头彻尾地学习俄国十月革命。同时这也是共产国际给中国革命开出的药方。

时任苏俄外长契切林曾于1923年12月在致函孙中山时对苏俄的革命经验进行过简要的描述："我们以为国民党的根本目的，是发动中国人民进行一个强大的运动。因此，大规模的组织与宣传，实为首要之图。我们就是很好的例子。我们以前活动成功，就是因为我们在事前曾用很多年的工夫，组织并训练我们的党员，而组成一个强大的党，普遍到全国，终于打倒了一切的反革命势力。"

共产国际不仅没教中国共产党如何进行武装斗争，还把中国革命的"宝"押给了蒋介石，陆军军官学校（黄埔军校）就是在苏联的帮助下建立的，他们还委派军官、顾问进行辅导培训。

大革命失败后，中国共产党得出了一个"政权是由枪杆子中取得的"的论断，而国民党却掌握了一支经过战火锤炼的军队。一个是教训，一个是收获，天差地别。

随后的南昌起义打响中国共产党武装斗争的第一枪。中国共产党武装斗争的思想转变过来了，新的问题又冒头：当时的党中央把工作重点错误地放在了大城市，认为"城市是暴动的中心"，热衷于在城市发动武装暴动。发动南昌起义的目的就是想以大城市南昌为中心，进而占领广州。随后发动的广州起义，也旨在"急速使这些暴动会合而成为总暴动，以取得全省政权，建立工农兵士代表会议的统治"。但在当时的条件下，这些在城市内发起的武装斗争成功的可能性是极其渺茫的。

一连串的失败，让毛泽东等一批共产党人走上了一条崭新的革命道路，开辟出中国共产党第一个农村革命根据地。1938年，毛泽东在中国人民抗日军政大学讲演时说："为什么我们上井冈山呢？因为下面住不得，所以才上山去，有什么法子不上井冈山？打游击战。我们要实行半殖民地半封建国家的资产阶级民主革命的任务，就举起了反帝反封建的大旗，可是这旗帜不准我们在城内插，我们就只好到山顶上去插，永不放下。"

遗憾的是，毛泽东等人尝试的成功，并没有立即改变"城市中心论"的论调。先后负责中共中央工作的瞿秋白、李立三以及共产国际的王明，念兹在兹的还是"城市中心论"。

瞿秋白主持党中央工作期间，提出的总策略是全国武装暴动，实际上是"左"倾盲动主义。

此后主持党中央工作的李立三，在工作重心问题上的态度仍没有改变。1930年1月5日，毛泽东的《星星之火，可以燎原》出炉。正是在这封写给林彪的信中，毛泽东"以农村包围城市然后夺取城市"的思想开始形成。李立三呢？仍在阐述他的"城市中心论"。1930年3月《红旗》刊发李立三的文章《准备建立革命的政权》，他在文中做出迎接

"革命高潮"和"建立一省或几省的革命政权"的论断。不仅如此，走"立三路线"的党中央还批评毛泽东，"不特别注意城市工作，想以乡村包围城市，单凭红军来夺取城市，是一种极其错误的观念"。

王明"左"倾教条主义路线统治时期的中共中央，虽然工作地点转到了农村，但思路上仍以"城市中心论"做指导。

好在，实践出真知。毛泽东等老一辈中国共产党人在实践中，探索出了正确的道路。

还有一个教训不得不提，那就是抗战时期震惊中外的"皖南事变"。

"皖南事变"是1941年1月发生的。这个时间正好卡在抗日战争中期，抗日战局已经进入"战略相持阶段"。蒋介石偏偏选择在此时处心积虑地搞了这么一出亲者痛仇者快的阴谋事件，导致新四军遭到重创：军长叶挺被捕，副军长项英遇害，还有不少中、高级干部被俘或牺牲，其中上饶集中营就关押了760多名新四军干部。

"皖南事变"造成的损失如此惨重，一个关键的原因是部分领导干部毫无防备、掉以轻心。

抗战初期，拥有200万正规军的国民党军队主要在正面战场抵抗日军。与其相比，中国共产党领导的抗战力量只有约5万人，心理上处于弱势，对国民党抱有很大期待，甚至有人一度认为国民党是抗战的中枢。1938年3月，王明在中共中央政治局会议上做了《三月政治局会议的总结》报告，把抗日战争的胜利寄希望于国民党统治下的"合法"运动。哪怕是到了抗日相持阶段，中国共产党的一些干部，也认为"只要蒋介石未与日本妥协，大举剿共是不可能的"。

然而，此时此刻蒋介石的心思是什么？仍然是抓住机会就要消灭中国共产党。国民党五届五中全会前后，蒋介石一再宣称："抗战到底的意义，是恢复卢沟桥事变以前的状况；中日问题的解决办法，在于召集太平洋会议；对共产党的政策，目前是联共和防共，最后达到以三民主义溶化共产党的目的。"

看不透蒋介石的反动本质，摸不透蒋介石的阴谋心机，自然对他的突然袭击毫无防备。于是，因为部分领导干部和指挥人员对国民党既定的反共政策认识不足，导致中国共产党又吃一次大亏。

吃一堑长一智，中国共产党的快速强大与成熟，有时候就来自这些惨痛的教训。

二、中国共产党为何总能踩在点上

历经磨难，中国共产党最终从各种教训中逐渐成长起来，尤其是中共"七大"以后，中国共产党通过不断磨砺自己的意志，强化应变能力，迎来了抗战胜利，继而取得了解放战争的胜利，并顺利领导起社会主义建设事业。

在这几次至关重要的历史关头，中国共产党都踩在正确的"点"上，最终战胜了不可一世的国民党反动派，赢得人心，建立政权，凝聚力量，实现梦想。

每次都能"踩在点上"，如此强大的应变能力从何而来？

面对各种转变、转型，中国共产党做的第一件事是不骄傲，不满足，把目光放远，看大局。

很多人把我军取得解放战争的胜利总结为"人和"，这话当然不虚。但中国共产党这个优秀的指挥员，从来不讳言对"天时地利"的争取。

毛泽东之所以成为中国革命事业的领袖，就在于其目光远大，不仅能筹划眼前的一两步"先手棋"，还能看到以后的长远发展。抗战还未结束，他就已经构架经营东北的战略。

东北地区幅员辽阔，物产丰富，日本侵略者在1931年窃据以后，疯狂压榨东北人民，以此地作为自己的后方基地。据统计，日本投降前，东北只有4000余万人口，却是当时中国工业产能最强的地区，全国钢产量的95%，煤炭的60%，电力的70%，都是东北地区生产的。

如此战略重地，对当时身板相对较弱的中国共产党来说，既是重大机遇，更是重大风险。如果中国共产党能在东北站稳脚跟，就可以依靠那里雄厚的经济实力和优越的地理位置，建立背靠苏联、资源雄厚、产能强大的战略基地。

但是，如果国民党占领这一地区，那就能够利用东北雄厚的工业基础，同华东、华中相配合，南北夹击中国共产党领导的各个根据地。这种局面，对中国共产党来说是不可想象的。

这一点，毛泽东看得很早很透。他在1942年就提出八路军和新四军将来应集中到东北，"方能取得国共继续合作的条件"；到1945年，他更在党内提出："从我们党，从中国革命的最近将来的前途看，东北是特别重要的。如果我们把现有的一切根据地都丢了，只要我们有了东北，那么中国革命就有了巩固的基础。"

在抗日战争时期，国民党在东北没有一兵一卒，抗战胜利后向东北投入力量只能依靠美军空运；相比之下，中国共产党从1931年就领导抗日武装在东北坚持了14年抗日游击战，而且晋察冀等抗日根据地又与东北相连，出师东北非常便捷。基于大局研判，毛泽东在1945年8月日本尚未宣布投降之前即下发命令，公开提出要进军当时的东北四省（热河、黑龙江、吉林、辽宁）。

第二件事，抓住机会，火速出手。

历史的进程往往出人意料。

许多人都预料苏军必然会出兵东北，但谁也不知道来得这么快，战斗又打得那么摧枯拉朽；许多人都预料日本必然走投无路会宣布投降，但谁也想不到在苏联出兵东北、美国投放核弹后，日本会这么快宣布投降。

战局骤然大变，几乎是"一天等于20年"。

时机稍纵即逝，后悔都来不及。怎么办？

国民党大喜过望，应对办法是立即"下山摘桃子"，派出接收大员到东南富庶之地搞接收，以慰这些年"抗战之苦"，至于东北，反正有苏联红军先帮忙维持三个月，没关系的，不着急。

共产党的应对是，对这个千载难逢的机会，一刻也不能耽误，决定全力争取东北，制定"向北推进，向南防御"的全国方针。

为此，中共中央从延安，以及晋冀鲁豫、晋察冀、晋绥、山东、华中等敌后抗日根据地的八路军、新四军部队中，派出2万多名干部和11万余人的部队迅速开往东北。干部中包括中央委员10人（其中政治局委员4人），候补中央委员10人。部队包括山东军区司令员兼政委罗荣桓所率的山东主力部队6万余人、新四军第三师师长兼政委黄克诚指挥的部队3.5万人等。

这其实是一场国共之间的龟兔赛跑。据说，当时北上的部队千里跋涉十分疲惫，但抬头望见运输国民党军队的美国运输机也在向北飞行，都非常着急，纷纷加快脚底的步伐。山东部队要渡海北上，船只成了大问题，导致兵员运输速度较慢，中央还为此发来极其严厉的批评：如此迟缓，已是大错，如不立即补救，将逃不了历史的惩罚。

在抽调干部上，中共更是不遗余力，甚至牺牲局部利益来支持东北。当时，全国各根据地都缺干部，但是中央为了经略东北，把原定要抽调去华中、华东的干部也大量调往东北。当时，林彪、萧劲光已经奉命前往山东接替罗荣桓，结果行到半路就接到"万万火急"的电报，要他们迅速改变路线，不再东进而是北上。

相比较之下，国民党虽然有美军运输机加持，但对进军东北缺乏足够的重视，始终缺乏进军东北的立足点，等到国民党军队借助美军军舰登陆秦皇岛，再辗转进入锦州的时候，已经是1945年11月下旬，而此时八路军、新四军"闯关东"都已经两个多月了。

"先到为君，后到为臣。"中国共产党走得快，力量发展得更快：东北偏北的哈尔滨，开始时共产党只派去了38人，到10月就已发展到6000人。

这场"龟兔赛跑"，即便有飞机军舰的速度优势，国民党这只"兔子"也输得底朝天。

第三件事，齐心协力，落实有力。

有了飞机军舰，国民党为啥还那么慢呢？

不重视东北是一个原因。内部钩心斗角更是拖了后腿。

国民党高层此时主要忙着讨论：东北这片"桃林"的"桃子"谁来摘？谁要拿大头？党内各派如何利益均沾？李宗仁等人建议蒋介石放出软禁多年的张学良主持接收东北事务，这本来是个好主意，张学良作为东北军代表人物，只是借助其名义也能让接收东北大为快捷，但蒋介石对张学良私怨难了，根本不予理睬，只想任用自己人，结果国民党各派系就此大打出手，闹来闹去，蒋介石派出能力有限、资历一般的熊式辉充任"东北行辕"主任，让蒋经国充任"东北外交特派员"，负责对苏联交涉事务。明眼人一下就明白，这一安排无非是为蒋经国刷经验值、镀镀金。

头面人物如此难产，下面的办事官员同样纷争不止。为了满足各派安插人员的要求，国民党直接将黑龙江、吉林、辽宁三省切割成九个省，还特设大连、哈尔滨两个特别市，官帽子是多了不少，可贪婪的党内派阀们欲壑难填，为了精心安插自己人吵个没完，根本没精力考虑如何抢先进占东北。

同样是涉及升迁去留，共产党的干部没有一点拖泥带水，一切为了大局，只为一个字——"快"。

罗荣桓当时身患严重的肾病，但领命后仍火速出发，一度只能坐在担架上指挥队伍继续北上。到达沈阳后，他带病坚持工作，直至1946

年8月才到苏联切除左肾。

当时的中央政治局委员张闻天主动要求去东北做具体工作，到达沈阳后，他立即服从组织安排，被任命为中共中央东北局北满分局委员、合江省委书记。从政治局委员，到东北局北满分局领导下的合江省委书记，对这种职位落差，张闻天欣然接受。

第四件事，面对困难，积极应对。

进军东北，除了要跟国民党召唤的飞机军舰比速度，还要跟当时驻防东北的苏军拼耐心、比智慧。

在"二战"中，苏联牺牲巨大，与美国国力差距很大，急于休养生息，在国际格局中处于守势。斯大林担心因支持中国共产党而引起与美国的直接冲突，破坏既成的雅尔塔体系、损害苏联的既有利益，所以一再要求毛泽东对蒋介石妥协让步以求和，一开始也是计划把东北交给蒋介石政府，后来虽然同意共产党进入东北，却施加了各种限制。

为了实现"向北推进，向南防御"的全国方针，共产党使出了浑身解数。

苏联公开宣称要把东北交给国民党之后，共产党就派出八路军中的"原东北军吕正操所部""原东北军万毅部"，以东北军旗号打回老家去。苏军不让共产党部队公开进入东北，共产党就秘密进入，"放下武器，脱下军装，作为劳工或难民开到沈阳再装备"。没有装备，苏军又不肯给，八路军就夜里跑到苏军占领的日军军火库"开仓放枪"，苏军哨兵也都装作看不见。不让打共产党八路军旗号，那就改头换面，于是出现了"东北人民自治军""东北民主联军"。

对苏军态度灵活，对美军则是寸土不让。

当时山东部队北进东北主要是从山东半岛北部各港口乘船渡海，美国海军发现这一情况后立即调遣大量军舰开到烟台港外，要求进驻烟台，从而阻止八路军北上。

要不要跟号称无比强大的美军斗一下？中共中央下达的指令是"建筑工事，实行抵抗"，要求地方部队坚决拒绝美军登陆。与此同时，叶剑英还代表八路军发出公开声明，吸引国际舆论关注，指出美军如果强行登陆，就要对可能发生的"任何严重事件"负全责。

面对中国共产党的严正态度，美军再一次展现出"欺软怕硬"的技能，撤走了。

风险总是与机遇并存，能否驾驭风险，利用机遇，关键在于一个团队操舵的能力强弱。在重大转折、转型过程中不抛锚，不掉链子，既靠这个团队能预判大局、未雨绸缪，更靠这个团队迅速响应，落实彻底。

能在内外形势转换的瞬间把握机会，既要有深谋远虑的智慧，又要有不怕牺牲、排除险阻的勇气。大智、大勇，中国共产党这个团队再一次做到了，在抢占东北这个战略先手位置后，整个中国的命运也随之确定了。

三、生于忧患，对危险的苗头要当头棒喝

一个团队，历经苦难，终于迎来创业成功、"公司上市"的辉煌，这个团队会怎么样？

是没事儿偷着乐，还是明着傲娇？

毛泽东给出了不一样的答案：不做李自成那样的执政党！

毛泽东的"李自成情结"，是他忧患意识的"代名词"。

抗战时期，毛泽东"坚决不当李自成"的情结就已经显露。

1944年3月，郭沫若撰写《甲申三百年祭》一文，先在重庆《新华日报》上发表。该文纪念李自成领导的农民起义军进入北京推翻明王朝300周年，其中记述了李自成所率起义部队进京后，因骄傲、腐败导致最终失败的过程和原因。

毛泽东也读到了这篇文章，指示延安《解放日报》转载，并在各根据地印成单行本。对其中所反映的忧患意识，他有深刻的认知。1945年7月，黄炎培访问延安时与毛泽东之间著名的"窑洞对"，更是直观反映了毛泽东的忧患意识。在抗战胜利前夕，毛泽东就已经找到跳出"历史周期律"的方法。

党中央进北京前后，毛泽东的"李自成情结"转变成对一个执政党自身建设的思考。

中国共产党成为执政党后，工作重点由农村转到城市，由主要领导战争转到主要领导经济建设和文化建设等。中国共产党如何经受住执政的考验，是一个具有挑战性的新课题。进北京之前，在1949年3月举行的中共七届二中全会上，毛泽东及时提醒全党务必使同志们继续地保持谦虚、谨慎、不骄、不躁的作风，务必使同志们继续地保持艰苦奋斗的作风。他要求全党防止骄傲自满、以功臣自居、不求进步、贪图享乐等情绪，防止糖衣裹着的炮弹的攻击。

1949年3月23日，是党中央机关由西柏坡迁往北平的日子。那天，毛泽东等人率大家乘汽车离开。出发前，毛泽东想起那位"能打天下而不能坐天下"的李自成。他坚定地表示："我们绝不当李自成！"途中，他又提到郭沫若的《甲申三百年祭》，说："这仅仅是读了个开头，这篇文章是要永远读下去的！"

毛泽东的担心不是多余的。

中华人民共和国成立后，党和国家机关中出现了部分工作人员经不起资产阶级糖衣炮弹侵袭的问题，用毛泽东的话说是出现了一股"贪污浪费的狂澜"。时任西北局书记习仲勋在给中央的报告中疾呼：贪污行为已毁坏了一批干部，并染坏了很多干部。贪污蜕化已成为主要危险！比较典型的是天津市两名高级领导干部刘青山、张子善，两人是老革命，他们的贪污行为引起了公愤。毛泽东驳回了一些人的求情，强力支持查办，因为"只有处决他们，才有可能拯救20个、200个、2000个犯有各种不同程度错误的干部"。中国共产党查办"共和国第一贪污案"实际上是在杀一儆百，不致重蹈李自成的覆辙。

除了处理刘青山、张子善，党中央还开展了全国性的反贪污、反浪费、反官僚主义运动，在全党开展整风运动，开展整党运动等，当时的党风政风清明清廉，为广大人民群众所称道。邓小平后来回顾这段历史时说："那个时候，党和群众心连心，党在群众中的威信比较高，社会风尚好，广大干部群众精神振作。所以，尽管遇到困难，还是能够比较顺利地渡过。"

十一届三中全会以后，党中央的工作重心逐渐从阶级斗争向经济建设转移，一方面党要适应新条件，另一方面党的建设状况还不甚令人满意。为此，"十二大"决定整党。邓小平在《党在组织战线和思想战线上的迫切任务》的讲话中特别提醒说，"加强党的思想工作，防止埋头经济工作、忽视思想工作的倾向"。并且"我们要把这个问题郑重地提到全党面前，提到中央和地方各级党委的重要议事日程上来"。

忧国忧民忧党，最核心的是党。

邓小平对党的这种提醒和敲打由来已久、持续不断。早在1957年时，邓小平就说过："在中国来说，谁有资格犯大错误？就是中国共产党。犯了错误影响也最大。因此，我们党应该特别警惕。"

在改革开放初期，党内重视物质文明、忽视精神文明的思想倾向一度令人担忧。邓小平在1985年召开的全国科技工作会议上提醒全党，在建设有中国特色的社会主义时，一定要坚持发展物质文明和精神文明。随后他又指出："既把我们的事业和马克思主义理论本身推向前进，也防止一些同志，特别是一些新上来的中青年同志在日益复杂的斗争中迷失方向。"

忧党，所以更要坚持党要管党、从严治党。邓小平多次强调"关键是把我们共产党内部搞好"。他说，抓党风好转，必须狠狠地抓，一天不放松地抓，从具体事件抓起，在对外开放中既要学习和吸收一切文明成果，又要坚决抵制腐朽思想的侵蚀；要时刻关注广大人民的利益和愿望，把群众拥护不拥护、赞成不赞成、高兴不高兴、答应不答应，作为党的全部任务的出发点和归宿，等等。他强调在党的各方面，即党的思想建设、政治建设、组织建设和制度建设方面都要贯彻从严治党的要求。在反腐问题上，邓小平态度鲜明。他指出："在整个改革开放过程中都要反对腐败。对于干部和共产党员来说，廉政建设要作为大事来抓。"

东欧剧变后，以美国为代表的西方敌对势力加紧了对社会主义国家和平演变的攻势，叫嚷要"打一场没有硝烟的世界战争"，完全融化掉社会主义。社会主义中国被"和平演变"的风险进一步加剧，于是有人对苏联这杆大旗的倒下感到"惊慌失措"。

对此，邓小平明确提出，只有社会主义才能救中国，只有社会主义才能发展中国。同时，他又提出，贫穷不是社会主义。"根据我们自己的经验，讲社会主义，首先就要使生产力发展，这是主要的。只有这样，才能表明社会主义的优越性。""空讲社会主义不行，人民不相信。"

邓小平的及时发声，实际上是在告诫全党，中国要有效地抵御"和平演变"的图谋，必须维护和保证经济建设的中心地位，关键是要争取较快的增长速度，实现我们的发展战略，否则，将犯历史性的错误。

对中国共产党而言，抵御"和平演变"不是一时的权宜之计，而是长期斗争。邓小平在南方谈话中明确指出："帝国主义搞'和平演变'，把希望寄托在我们以后的几代人身上。"他提出，要不断加强党的建设，增强党的免疫力和战斗力。

从创业时期的危中图存，到艰苦奋斗再创业时期的居安思危，中国共产党时刻准备迎接应对下一个挑战。相信他能！

第五章

创业最憎守成　创新最怕抱残

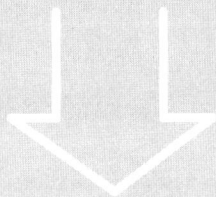

● ● ●

中国共产党人，有一份担当与生俱来。

中国共产党人，靠一种智慧勇往直前。

中国共产党人，对一种品格坚守不渝。

这份担当是创新，这种智慧也是创新，这种品格与精神更是创新。

近代以来的中国，一度沉沦。当向来自居的地大物博、天朝上国迷梦被坚船利炮震醒时，要摆脱黑暗，就再也无法走老路，而必须选择一条新路。而把新路走好，更需要强大的创新智慧与精神。

中国共产党人在这条新路上走得最彻底，走得最远，也走得最坚定。他们无惧白色恐怖的屠刀，在山沟里寻找闹革命的新路；他们不怕强大的火力，用敌后游击战瓦解日本侵略者的斗志；他们嘲笑"纸老虎"和被"纸老虎"武装的国民党反动派，靠"小米加步枪"打赢了解放战争和抗美援朝战争。

无论是在多么糟糕的局面面前，还是在多么急难险重的考验面前，这个创业团队总能以高超的智慧闯出新的道路，赢得新的胜利。近百年来，他们重视创新、勇于创新、善于创新，从未故步自封，而是不断创新前进，推动中华民族实现从"站起来"到"富起来"再到"强起来"这样三次前后相继的历史性飞跃。

一、能打胜仗，靠的就是不断创新

习近平在纪念中国人民解放军建军90周年的讲话中强调，党对军队绝对领导的根本原则和制度，发端于南昌起义，奠基于三湾改编，定型于古田会议，是人民军队完全区别于一切旧军队的政治特质和根本优势。

从旧式军队到新型人民军队，中国共产党用了三大步：经过南昌起义、秋收起义，打出了中国共产党的旗号，组织上建军；经过三湾改编，提出了"党指挥枪"，创造性地"把支部建到连上"；经过古田会议，确立了中国共产党领导下人民军队建设的根本原则，思想上建军。这三大步的完成，不过短短两年多的时间。中国共产党靠的是什么？靠的绝不是守成心态，恰恰相反，是一次又一次的创新。

罗荣桓把三湾改编誉为我军的新生。

1927年9月，湘赣边秋收起义失败后，毛泽东决定带领部队向井冈山转移。一路走一路打，部队剩余人数越打越少，到江西省永新县三湾村时，部队由起义之初的5000余人下降到1000多人。剩下的千余人也是问题层出不穷，伤员增加，有的官兵军阀习气和雇佣思想严重，有的士兵悲观动摇，缺乏斗志甚至擅自离队。出现这些问题不难理解，毕竟这支部队本身就是由武汉国民政府警卫团和平江农军、浏阳农军、安源工人武装组成，部队的成分极为复杂。

旧军队最让人头疼的是官兵之间待遇极不平等。出身于各种军校的军官，连级以上的配有勤务兵，打水、提鞋、洗衣这些全由勤务兵包了，吃的是小灶。黄埔军校出身的军官更威风：脚穿皮鞋，头戴皮帽，腰系皮带、挎皮包，再插上一根皮鞭，被称作"五皮军官"。至于打骂士兵，更是常事，因为在他们看来"鸟是养出来的，兵是打出来的"。

当时问题严重到什么程度？举个例子，在三湾改编当晚，就走了一些动摇分子。改编后新任的团长程浩居然密谋把部队拉出去，向地方军阀方鼎英投降。幸亏党的组织深入了连队，他们才没有得逞。

"如果再无力挽狂澜之举，便有万劫不复之灾"，对于军队问题，毛泽东心急如焚。经过一路的调研讨论，毛泽东出手了：打碎旧军队的基础，创造性地确立了"党指挥枪""支部建在连上""官兵平等"等一整套崭新的治军方略。改编之后的中国工农革命军第一军第一师第一团精神面貌焕然一新，随后开赴井冈山。

在井冈山上的日子，红军迅速发展。朱毛胜利会师，会师后两军合编为中国工农红军第四军。一段时间后，新的问题产生了：党和军队处在农村分散的游击环境里，而如何把一支长期处在农村游击战争环境下以农民为主要成分的政党和军队建设成为无产阶级的政党和人民军队，这样一个新课题摆在了中国共产党人面前。

"风云突变，军阀重开战，洒向人间都是怨，一枕黄粱再现。红旗跃过汀江，直下龙岩上杭。收拾金瓯一片，分田分地真忙。"

唯有再创新！

于是，就有了1929年12月28日的中国工农红军第四军第九次党的代表大会，即古田会议。会议决议内容十分丰富，中心就是要用无产阶级思想建设无产阶级的政党和人民军队，概括地说就是"思想建党，政治建军"。《古田会议决议》发挥了答疑解惑、明辨真理的作用。它初步回答了在党员以农民为主要成分的情况下，如何从加强党的思想建设着手，保持党的无产阶级先锋队性质的问题；解决了怎样将红军建设成为新型人民军队的根本问题。它还提出"党指挥枪"，党必须对军队实行绝对领导，政治工作是红军的生命线等。古田会议的胜利召开，标志着我党对一支农军武装的改造完成。

在抗日战争时期，游击战何以与根据地、正规军构成中共打持久战中互为作用的"三驾马车"？这同样是中国共产党不拘定式、大力创新的结果。

游击战一开始只是红军的一种战术。在井冈山时期，表现为"打圈子"战术。后来演化为"十六字诀"，即"敌进我退，敌驻我扰，敌疲我打，敌退我追"。洛川会议将持久战确定为战略总方针，在这之后的1938年5月，毛泽东撰写并发表《论持久战》，明确提出"八路军的方针是'基本的是游击战，但不放松有利条件下的运动战'"。这标志着抗战初期红军军事战略转变的完成。

游击战获得非同一般的地位，绝不是像有些黑八路军的人说的那样"游而不击"。这方面，日本军方可以"做证"。

侵华日军总司令冈村宁次曾回忆："说到作战，大体上各军、方面军直辖兵团对当地共军都在日夜进行讨伐战……共军的确长于谍报（在其本国以内），而且足智多谋，故经常出现我小部队被全歼的惨状。"

《冈村宁次回忆录》里记录过一场八路军游击战的全过程："我军步兵分队在最边缘地方布防时，驻守一般是在村庄或要冲等地修筑堡垒，外面围绕一条深水沟，沟上设置吊桥以便出入，平时将吊桥收起，士兵生活在水沟围绕的范围内，并派有岗哨警戒。村庄里的农民大多是纯朴善良的人，天长日久自然也就和村民有些来往。有一天一座碉堡上发现由村子那边过来一队送葬行列。如此大殡实在少见，当行列走近碉堡旁时，分队长等人完全不假思索放下吊桥，武装不整地走出碉堡，刚刚来到行列近旁，突然送殡人群大乱，许多手枪一起齐射，分队长等应声倒毙，随后行列冲入碉堡，残兵均被消灭。"

日军这样的遭遇应该还有很多，因为游击战没有定式。就像毛泽东说的："打仗没有什么神秘，打得赢就打，打不赢就走，你打你的，我打我的。什么战略战术，说来说去，无非就是这四句话。"

在抗日根据地开展的群众性游击战斗中，形式也在不断创新。比如，山东地区民兵开展的"麻雀战"，沿日军行军路线开展的"车轮战"，同日军转圈子的"推磨战"，以及一处打响、四处驰援的"蜂窝战"，都属于游击战。此外，地雷战、地道战等也在游击战中得到了普遍的运用。晋察冀抗日根据地北岳区民兵在1943年反"扫荡"中，爆破英雄李勇率领的爆破组以冷枪射击和地雷阵相结合的战法，毙伤日军130多人；以地雷战与"麻雀战"相结合的战法，共毙伤日军300多人、炸毁汽车5辆。

如果你以为解放战争时期我们还是只有"小米加步枪"，那你就落后了！解放军的创新速度绝对超出你的想象。

当时由于装备不足，解放军自己研制了一种武器。没想到，这种武器竟然打得国民党"王牌"兵团胆战心惊，以至于在国民党军队中流传这样的说法：解放军使用了秘密武器，它就是可怕的特大威力炮！

国民党军队中所传言的特大威力炮，其实就是"飞雷"。制作方法很简单：在空汽油桶内填充发射炸药后，把捆扎成圆盘形的炸药包放进去，然后点燃发射，它能把20公斤的炸药包抛射到150—200米以外。油桶多粗，口径就有多大。在落点半径5米之内，一切碉堡、地堡、工事都会炸飞。

"飞雷"在使用中不断得到改良。用抛射筒改装土造的火焰喷射器、用抛射筒抛射几十公斤重的石头、飞送集束手榴弹等，"飞雷"的使用被形象地称作"天女散花"。这种武器也是对付当时国民党军坦克最有效的武器之一。在淮海战役围歼黄维兵团的战斗中，黄维苦心经营的"硬核桃"野战防御工事，就被这些重型"飞雷"炸成一片废墟，其兵力防御也被"天女散花"一击即溃。

迈入新时代的人民解放军，仍然在不断改革。2015年11月24日，中央军委改革工作会议举行，习近平发出深化国防和军队改革动员号令。随后《中央军委关于深化国防和军队改革的意见》发布，提出在2020年前，努力构建能够打赢信息化战争、有效履行使命任务的中国特色现代军事力量体系。

世界一流军队，可期！

二、没有一点敢闯的精神，干不出新事业

历史的发展是由无数创业史累积而成的。

1978年，还是这个团队，合乎时代潮流、顺应人民意愿、勇于改革开放，进行了一次让中国大踏步赶上时代的再创业。

如果说上次创业的主题是"建国"的话，那么这次的主题就是"富国"，手段则是改革开放。改革开放，不仅改变了每一个人、每一个家庭，还使整个社会、整个国家经历了新的革命，中国特色社会主义道路由此开创，中国的社会主义现代化建设从此走上了持续发展的快车道。

"中外合资经营"，今天说起来很平常，可在20世纪70年代末，还是一个禁区。

中共中央政治局原常委、国务院原副总理李岚清曾讲述过这样一个故事：

1978年，一机部让我带领工作组调查全国汽车工业情况，我几乎跑遍了全国。有件事特别好笑，某城市仿造的"解放"牌卡车，商标是"永向前"，我开玩笑说，车子不怎么样，名字倒有点意思。旁边的同志却对我说，他们的商标真是名副其实，这车子没有倒挡，只能向前

开，而且开起来除了喇叭不响，到处都响。这就是当时我国汽车工业落后状况的缩影。

落后不是社会主义！就在那一年，党和国家决定从国外引进先进的汽车技术。不料，在与国外汽车公司谈判过程中，新问题不断出现。比如对方提出，双方要"合资经营"，好比结婚，建立一个共同的家庭。参与谈判的李岚清困惑了：你是大资本家，我是共产党，我能同你"结婚"吗？没想到，他们把进展情况上报后，党中央、国务院领导高度重视，邓小平亲自批示：合资经营可以办！

正是由于这条批示，中国迈上了利用外资搞发展的道路。

小岗村的故事也是如此。

让我们把时间拨回到1978年11月24日夜，安徽凤阳小岗村的一群村民挤在一个小隔间里，为吃饭问题犯愁。几名村干部打破了沉默，提出决心要搞"大包干"。为此，这些人还个个赌咒发誓，绝不说出去，甚至把后路都想好了："大包干"领头的是为村里牺牲，村里保证把他们的子女抚养成人。随后，便开始按红手印、立生死状，决定分田到户。生死状上是这样写的："我们分田到户，每户户主签字盖章，如以后能干，每户保证完成每户的全年上缴公粮，不再向国家伸手要钱要粮。如不成，我们干部坐牢杀头也甘心，大家社员也保证把我们的小孩养活到18岁。"

小岗村的"大包干"开始后，由于"大气候"还不允许，村民都是偷偷摸摸甚至晚上去地里干活。即便如此，周围亦是反对声四起。

好在，他们当时看来"格格不入"且触碰红线的创举，得到了时任中共安徽省委书记万里的支持。而邓小平同志的表态，最终给他们吃了"定心丸"。

1980年5月31日，邓小平同志在同其他中央负责人就农村问题发表重要谈话时指出："'凤阳花鼓'中唱的那个凤阳县，绝大多数搞了'大包干'，也是一年翻身改变面貌，有的同志担心这样搞会不会影响集体，我看这种担心是不必要的。"确实不必担心。"大包干"后的第二年，小岗全队粮食总产13.3万斤，相当于1966年到1970年粮食产量的总和。温饱问题解决了！18位村民拼着身家性命干的事，也变成了中国改革的一声惊雷，成为中国改革的标志性事件。

改革推动了中国的进步，但对待改革，人们还存在着不同的认识。一些人担心改革会把中国引向资本主义，因而对待每一项改革措施，总要习惯性地问一问姓"社"还是姓"资"。这种心态影响着中国改革的进度。

比如"傻子瓜子"。

1981年9月4日，拥有100多名雇员的"老板"年广久正在炒瓜子，家里突然来了4个人：芜湖市副市长、芜湖日报社总编辑、工商局副局长和公安局副局长。年广久很紧张，他以为又要被抓了，因为他因卖鱼、卖板栗曾经"二进宫"。不料，那位副市长品尝了瓜子后说："口味很好。要放开干，把瓜子牌子创出来，打到各地去，为芜湖增光！"第二天，《芜湖日报》就发表了题为《货真价实的"傻子瓜子"》的报道。

"傻子瓜子"火了！麻烦也来了。在1983年年底的一次全国性工商会议上，有人提出年广久雇工人数超过国家规定，即私营企业雇工超过7个人以上就构成"剥削"，应限制其发展。"年广久是资本家复辟"的说法也传到了安徽省委处。之后，安徽省委派人到芜湖调查并写了报告，这份报告最后转到邓小平手里。1984年10月22日，邓小平在中央顾问委员会第三次全体会议上明确指出："我的意见是放两年再看。那个能影响到我们的大局吗？""让'傻子瓜子'经营一段，怕什么？伤害了社会主义吗？"

有了邓小平的一锤定音，民营企业开始蓬勃发展。1984年的一期美国《时代周刊》封面反映了这种变化：一位中国年轻人拿着可乐站在长城上，标题是《中国的新面孔》。1984年中国城市体制改革开启，马路上出现了很多的广告牌，出现了可口可乐，越来越多的个体户和民营企业登上了历史舞台……

改革开放的每一步，虽然走得不轻松，但中国共产党领导人几乎从来没有过犹疑。

"1979年，那是一个春天，有一位老人在中国的南海边画了一个圈。"这个圈，就是深圳经济特区。

1979年年初，时任中共广东省委第一书记习仲勋传达党的十一届三中全会精神。随后广东省委、省政府经过研究后初步决定，先在深圳、珠海两地试办出口特区。1979年4月，中央工作会议召开期间，在直接向中央领导同志做汇报时，习仲勋建议，希望中央下放若干权力，让广东在对外经济活动中有必要的自主权，允许在毗邻港澳的深圳市、珠海市和重要侨乡汕头市举办出口加工区。当天，邓小平就安排与广东省负责同志谈话，他明确表态："你们上午那个汇报不错嘛，在你们广东划一块地出来，也搞一个特区，怎么样？一个特区，过去陕甘宁就是特区嘛！中央没有钱，你们自己去搞，杀出一条血路来。"

这一搞，血路杀出来了：一个不起眼的渔村，一夜间成了中国改革开放的窗口和试验场。2018年，深圳GDP突破2.4万亿元，经济总量居亚洲城市前五。

改革开放成就了无数普通人的梦想。

吉利集团的董事长李书福，最近几年因出手并购国际著名汽车品牌沃尔沃而声名大噪。可是想当初，他只是一个背着相机包游街串巷的照相员。直到20世纪90年代，他才开始接触汽车制造。1998年8月8日，吉利第一辆车"豪情"下线。李书福发出700多张邀请函，准备了100桌酒席。西装革履的他从早上8点、9点，一直等到10点，却几乎没有嘉宾来捧场。

原因只有一个，吉利还是黑户，缺一张汽车生产许可证。

有一个背景需要说明，当时我国对汽车工业早有布局，清一色是国企。为了一张许可证，他去找过当地经委，得到的答复是不可能；找过省机械厅，厅长说，你好大的胆，造轿车是国家严格限制的；又跑到国家机械部，得到的答复同样是不可能。

1999年，时任国家计委主任曾培炎视察吉利集团，李书福逮住机会表达诉求："请国家允许民营企业家做轿车梦。如果失败，就请给我一次失败的机会吧。"2001年11月，吉利登上汽车生产企业产品名录，成为中国首家获得轿车生产资格的民营企业。

李书福的造车梦如愿以偿！

改革开放的成功，受益的是每一个中国人，最终源于中国共产党领导人的果敢实干。就像邓小平在1992年南方谈话中说的那样：要敢闯，没有一点敢闯的精神，没有一点勇气，没有一点干劲，干不出新事业。

三、理论和实践创新，让中国共产党华丽转身

中国共产党创立之初，形象是很不清晰的。

在曾经指导中共建党的苏联和共产国际看来，中国共产党就是个小学生，好好听话听指挥就行，他们并不相信中国共产党能独立引领中国走上革命道路。

在与之合作的国民党不少人看来，中国共产党就是个小跟班，想在中国干出一番事业，只能靠加入国民党，如果两党分道扬镳，共产党就只能把革命果实拱手献出，束手就擒。

在一些中国共产党的高层党员看来，中共是一个初建的小党，要想革命就得学习苏联那一套，农村根本不可能成为中国革命的根据地，更别说什么"农村包围城市"。

如何摆脱这种模糊的面目，摆脱一片迷茫的未来？

有些人试图从马列的"本本"中寻找答案，然而，找不到。有些人自以为找到了，反而把革命事业搞得更糟糕。

毛泽东在山沟里找到了解决办法：创新。

他从秋收起义的失败中迅速走出来，对武装斗争、农民问题有了淬

火后的新认识，带着红军战士到"敌人管不着的地方去，到乡下去，在乡下站住脚跟，养精蓄锐，发展武装力量"。后来，他们在罗霄山上为中国革命找到一个落脚点。

心胸远大的毛泽东，是不屑于做被填鸭式教育灌输的小学生的。

很快，他就与党内当时盛行的把马克思主义教条化、把共产国际决议和苏联经验神圣化的错误倾向进行激烈交锋，甚至因此被边缘化，几乎不能参加长征。然而，正是由于创造性地开辟了一条以农村包围城市、武装夺取政权的革命道路，这位山沟里的革命家的创新之举，才逐渐被共产国际和苏联所关注，并使他们后来表态支持确立毛泽东在党内的领导地位。

这份创新精神迅速在战火硝烟中回炉重铸，让中国共产党在"中国向何处去"的命运之争中脱颖而出。

抗日战争时期，毛泽东所领导的中国共产党更加重视理论和实践创新。为了思考如何创新战略战术，打赢这场民族战争，毛泽东经常夜以继日地思考问题，在繁忙的日常事务中抽出时间进行写作。在这一期间，中国共产党坚持不懈地进行了创新，不但建立了全民族的抗日统一战线，实行了持久战的战略战术，而且通过延安整风运动，统一全党认识、凝聚全党力量，为中国共产党坚持理论创新和实践创新，早早实现全党创新品格的重塑奠定了基础。

随后的解放战争，更是中国共产党创新精神的一次完美演绎。解放军从一开始的抢先进军东北，经历"大踏步后退"，到战略反攻，再到辽沈、平津、淮海三大战役的对决，中国共产党硬是凭借创新的战略和创造性的打法，3年就取得消灭800万敌军的战争奇迹。而且，毛泽东同志还创造性地提出，党的工作重心正在由乡村向城市战略转移，要引领全党创新城市工作方法，通过银圆之战、米棉之战等一个个不走寻常路的打法，在经济、民生、社会治理等看不见的战线取得最终胜利。

马列经典里找不到中国革命的现成方法，得靠自己的创新去写好这段内容。

同样，中国进行社会主义建设和改革的方法，不仅在任何一部共产主义书本里找不到，在别的国家的经验里也找不全。

但中国共产党人，天生就以创新为使命担当。他们在面对已知敌人时敢于创新，在面对未知事物时，同样也不怯战。更何况，他们还有高超的创新智慧。这份担当与智慧，让中国共产党彻底改造了原本一穷二白的中国。

于是，中国创造性地建立了人民代表大会制度、多党合作和政治协商制度、民族区域自治制度等一系列重要的政治制度，并在中华人民共和国成立后实施了过渡时期的总路线，创造性地开辟了一条具有中国特色的社会主义改造道路。中华人民共和国即便是在成立之初"一边倒"的状况下，仍坚持建立独立的工业体系，不断提高自己的工业创新能力，取得了自己制造出第一辆汽车，人工合成牛胰岛素等创新成果，没有陷入东欧一些国家从思想到日常生活、从政治到经济一味追随苏联的处境。

进入改革开放时期以后，中国共产党的理论和实践创新更加令世界瞩目。

这种瞩目很大一部分是敬佩，毕竟走别人没有走过的路和不敢走的路，需要莫大的勇气。以创新作为担当和品格精神的中国共产党，凭着改革勇气和韧劲再一次征服了世人。

党的十一届三中全会以后，中国开始了以实行家庭联产承包责任制为突破口的社会主义改革开放，通过一系列改革，中国的综合国力不断提升，越来越多的人的生活逐渐达到小康水平。尤其值得注意的是，邓小平的"白猫黑猫"说成了时代共识，中国共产党也突破了"姓资姓社"的持久辩论，从而推出社会主义经济体制改革，用创新打破市场经济和计划经济的陈旧界限，明确指出：计划与市场都是资源配置的方式，不是区分社会制度的标志。

这种富有创新精神的闯劲，正是邓小平所高度赞赏的，也是邓小平等中国共产党人身体力行的。这份远见卓识被全体中国共产党人所传承，他们相信"创新是一个政党永葆生机的源泉"，他们把创新精神放在突出的地位，先后推出"三个代表"重要思想、科学发展观、习近平新时代中国特色社会主义思想等理论创新成果，并以理论创新推动中国其他各方面的创新。

当前，我国的改革已经进入攻坚期、深水区，难度越来越大，压力和阻力越来越强。新的形势需要新的理论创新和实践创新。对这种使命召唤，中国共产党已然是有备而来，他们这次装备的利器是习近平新时代中国特色社会主义思想。

在习近平看来，改革开放只有进行时，没有完成时。没有改革开放，就没有中国的今天，更没有中国的明天。毫无疑问，全面深化改革，已经是中国新时代的历史使命。立足于这一时代课题，习近平提出了中国梦、新发展理念、"四个全面"战略布局、总体国家安全观、人类命运共同体等一系列重大理论观点，为发展马克思主义做出了重大原创性贡献。

中国共产党人不断创新和实践马克思主义，在近百年的历史风云中始终信念坚定，成就显著，靠的就是那份与生俱来又不断强化的创新气质。

以创新为使命担当，全力开动创新智慧，树立凡事敢为人先的创新品格，让中国共产党人成为不断解答时代课题的"达人"。当下，世界格局大变，新兴经济体迅速崛起，西方陷入逆全球化、民粹主义的泥潭中，西方之乱与中国之治该如何看？中国下一步又将如何稳步发展？以习近平为代表的当代中国共产党人，正在这百年不遇的世界变局中续写21世纪的"共产党宣言"。

此时的中国，创新不仅是对外展示国家形象的重要名片，更成为一种渗入日常生活的价值取向和生活方式，成为中国此刻的时代气息。

"苟日新，日日新，又日新""尊新必威，守旧必亡"，正如习近平所言，当今世界"唯改革者进，唯创新者强，唯改革创新者胜"，中国共产党人之所以能从马克思主义等世界先进文化的学习者、追随者变身为引领者，靠的就是创新。理论创新与实践创新让中国共产党实现华丽转身，也将让他们走向更美好的未来！

第六章

艰苦奋斗　愚公移山

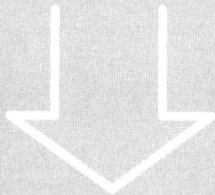

1950年6月，朝鲜战争爆发。同年9月，美国名将麦克阿瑟指挥美军登陆仁川，迅速扭转朝鲜战局，并越过三八线大举北进。中方随即发出警告："美军过线，中国绝不会置之不理。"

　　麦克阿瑟对此置之不理。在他眼中，此时的中国刚刚结束内战，民生凋敝，百废待兴，军队更是亟须长期休整，而美军则空前强大，中国根本不可能出兵，"他们把兵力放在这儿吓唬我们"。

　　他想验一验新中国的"成色"。

　　结果，美国最终选择在1953年签下停战协定，而坚持要验中共"成色"的麦克阿瑟那时早已丢官去职。十几年后，美国在越战中不敢越北纬17度线一步，对中国的警告一点也不敢掉以轻心。

　　让麦克阿瑟吃了大亏的，就是中国共产党人艰苦奋斗的精神。

　　的确，当时美国很强大，刚刚成立的新中国很难与之匹敌，但志愿军战士在抗美援朝战场上发扬"艰苦就是光荣""克服一切艰难困苦"的精神，后方在"机器即枪炮，工厂即战场，增产又节约，抗美保家乡"的号召下恢复生产、支援前线，一下子就打出国威，消除了国人百年来的屈辱感。

这份"成色"或者说中国共产党人灵魂的底色至今不变。近百年来，从小到大，由弱转强，从失败到不断胜利，从钻进山沟到进驻城市，这个创业团队始终保持的就是艰苦奋斗的精神。

　　斗转星移，世事大变，这个团队不变的依然是那份开辟草莱、筚路蓝缕时就有的精气神。精气神没有变，"成色"就永远不会变。

一、创业难，靠愚公移山精神搬走"三座大山"

13个人，一艘红船，中国共产党人的创业起点很低。你以为只是万事开头难吗？答案是否定的。有人总结，一部中国共产党党史就是一部艰苦奋斗史。中国共产党靠艰苦奋斗起家，靠一代代共产党人接续艰苦奋斗实现成功创业。

"'愚公'毫不动摇，每天挖山不止。这件事感动了上帝，他就派了两个神仙下凡，把两座山背走了。现在也有两座压在中国人民头上的大山，一座叫作帝国主义，一座叫作封建主义。中国共产党早就下了决心，要挖掉这两座山。我们一定要坚持下去，一定要不断地工作，我们也会感动上帝的。这个上帝不是别人，就是全中国的人民大众。全国人民大众一齐起来和我们一道挖这两座山，有什么挖不平呢？"

这是1945年6月毛泽东在中共"七大"闭幕时讲的一段话。在仅1600多字的闭幕词中，毛泽东用近1/5的篇幅详细讲述了"愚公移山"的故事。他号召全党发挥愚公移山精神，"下定决心，不怕牺牲，排除万难，去争取胜利"。同时，"还必须使全国广大人民群众觉悟，甘心情愿和我们一起奋斗，去争取胜利"。

中国共产党愚公移山式的艰苦奋斗精神，被美国记者斯诺誉为"东方魔力"。1936年，斯诺抵达陕北采访，在那里，他发现了这种"东方魔力"，并预言其必将成为"兴国之光"。听起来是不是很神奇？其实这种伟大的力量就是艰苦奋斗精神。第一次近距离接触中国共产党的斯诺，被眼前的这个创业团队震撼了：毛泽东住着简陋的窑洞，周恩来睡的是土炕，彭德怀穿着用缴获的降落伞裁成的背心，林伯渠的耳朵上架着用线绳系着的断了腿的眼镜。

他没理由不相信这个团队会成功。

"没有中国共产党在过去15年间的艰苦奋斗，挽救新的亡国危险是不可能的。"毛泽东在1936年12月的一篇文章《中国革命战争的战略问题》中写道。

中国共产党人自创业伊始，就选择了一条艰苦奋斗的道路。

囊中羞涩，物资匮乏，激发出中国共产党这个创业团队最宝贵的奋斗精神。

井冈山被称为"中国革命的摇篮"，但当时，朱毛红军能在"五百里井冈"站稳脚跟并不容易。一方面是井冈山自然环境和经济状况恶劣。井冈山地处湘赣边界，仍停留在封闭的自给自足的小农经济时代，有些区域甚至还处于"杵臼时代"，生产力水平十分低下。另一方面是国民党军队频频发动军事进攻，对井冈山革命根据地进行长期封锁。从1928年2月至1929年1月，国民党军队就对井冈山先后发动"进剿"四次、"会剿"三次。

井冈山时期生活的艰苦程度常人难以想象。开国中将张令彬在《井冈山斗争的回忆》中讲道，当时有种说法：没有"牛头"不革命。"牛头"就是虱子，红军战士中没有一个不生虱子的。吃的方面，当年在红四军后方留守处工作的曾志在《回忆在井冈山的战斗生活》一文中提到，他们100来人差不多天天都是吃辣椒干拌盐泡的汤，好的时候才能吃点南瓜，能吃上南瓜就像吃肉一样。战士冬天没被子盖，就盖稻草，还编了顺口溜：干稻草，软又黄，金丝被，盖身上，不怕北风和大雪，暖暖和和入梦乡。

　　时任政治委员毛泽东和军长朱德也身体力行、生活俭朴，"朱德的扁担"的故事流传至今。正是上下齐心，才最终让革命火种在井冈山熊熊燃烧起来。

　　长征被称为"当今时代无与伦比的一次史诗般的远征"，有多高的赞誉红军就有多大的付出。1964年，德国友人王安娜（安娜·利泽）在其回忆录《中国——我的第二故乡》中写道："长征是艰苦的冒险，长征是人类的勇气与怯懦、胜利与失败的搏斗。"

　　长征路上的苦，毛泽东曾回忆过。他说，从前红军长征过草地的时候，有50天没有饭吃，吃树皮。

　　除了树皮，红军还吃过皮带。曾有人对此提出怀疑：红军真的吃过皮带吗？答案是肯定的。不过，过去的皮带跟现在经过工业化加工制成的皮带不太一样，要么是简单加工的皮制品，要么是原本就打算在路上充饥的皮带。现在国家博物馆还珍藏着两条，其中一条只剩下半条。

这半条皮带是任弼时的。当年过草地时，没有可吃的食物，许多战士饿倒了。任弼时和警卫员只好将皮带切成段，放到锅里煮。即便皮带难吃，每次每人只能分得三小块，他们也苦中作乐，风趣地称之为吃"煮牛肉"。走出草地后，任弼时将剩下的半条皮带保存了下来，这才让后辈们直观地感受到那段异常艰苦的历程。

在解放战争时期，刘邓大军千里挺进大别山。刘伯承说领命时自己"忧心如焚"，邓小平在40多年后还对女儿邓林说："我自己都听得到自己的心脏在怦怦地跳！"

当时的解放战争已经进入战略反攻阶段，挺进大别山的意图是将战争引向敌人统治区后方，并以此为根据地，对蒋介石的巢穴构成震慑之势。使命重大，然而困难更多。没有后方，没有供给，周围都是敌军，刘邓大军时刻处在敌人的围追堵截中。

21天的行军路上难题不断。因在敌占区，部队弹药、粮食得不到补充，战士们水土不服，还被蚊子叮、毒蛇咬，很多人生病闹疟疾，伤病员得不到很好的治疗，群众基础也远不如解放区。抵达大别山后，新的难题又来了：部队出发时还是夏天，到了10月，大别山就冷了，冬衣还需要部队自己动手做。

"我们的刘伯承司令员，拿着针，戴着眼镜，一边做，一边给他人示范。一边示范，还一边耐心地说，缝衣也有窍门，荷包用勾针，路线要匀要密，扣门要采用倒线，裁领口可以用一只军用瓷碗扣起来比着裁！"邓林在回忆录《我的父亲邓小平》中如是记录了这段艰苦经历。

正是靠这种不屈不挠的艰苦奋斗精神，刘邓主力部队12万人胜利挺进大别山并站稳脚跟，迎来了中国革命的战略总攻。

中国共产党创业史，真正称得上苦难辉煌。1948年，已经距中华人民共和国成立的时间很近了，党中央竟仍"蜗居"在河北农村西柏坡。一所简易平房，成为中央军委作战室，同时还是人民解放军的总部。有人说，这是世界上最小的指挥所——一部电话，两张地图，三张桌椅，四间土屋，可在这里，中国共产党的领袖们却指挥打赢了三大战役。

革命烈士方志敏在《死！——共产主义的殉道者的记述》一文中写道："为着阶级和民族的解放，为着党的事业的成功，我毫不稀罕那华丽的大厦，却宁愿居住在卑陋潮湿的茅棚；不稀罕美味的西餐大菜，宁愿吞嚼刺口的苞粟和菜根；不稀罕舒服柔软的钢丝床，宁愿睡在猪栏狗窠似的住所……我能舍弃一切，但不能舍弃党、舍弃阶级、舍弃革命事业。"

中国共产党人中，有千千万万这样的方志敏。正是他们，像愚公一样，前仆后继，艰苦奋斗，最终搬走了压在人民头上的"三座大山"，成就了中国共产党的伟大事业。

二、白手起家，就得靠穷棒子精神

创业难，新中国的建设也丝毫不轻松。

对于这一点，中国共产党人早有认识和准备。1945年有"窑洞对"，1949年提出"赶考"说，从西柏坡到北京，中国共产党人需要用实践来回答三个问题：如何执好政？如何长期执政？能不能跳出周期律？毛泽东开出的"药方"中仍然有这四个大字：艰苦奋斗。

"夺取全国胜利，这只是万里长征走完了第一步……中国的革命是伟大的，但革命以后的路程更长，工作更伟大，更艰苦。这一点现在就必须向党内讲明白，务必使同志们继续地保持谦虚、谨慎、不骄、不躁的作风，务必使同志们继续地保持艰苦奋斗的作风。"

党的七届二中全会上，毛泽东提出"两个务必"，号召全党向世人证明"我们不但善于破坏一个旧世界，我们还将善于建设一个新世界"。此后，中国共产党人依靠穷棒子精神，硬是白手起家，开创出一个新世界。

当时的中国一穷二白到什么程度？穷棒子社可谓一个缩影。

穷棒子社是河北省遵化县（今河北省遵化市）西铺村的一个互助

组。这个小山村1950年时有145户人家，由于上一年遭受水灾，面临讨饭局面。在党和政府的关心下，西铺村开始开展互助合作运动。1952年秋，王国藩带领本村23户贫农办起了初级社，也就是后来的穷棒子社。其实，穷棒子社起初不叫穷棒子社，是因穷而得名，23户农民只有230亩薄地，耕畜只有一头驴股份的3/4，时称"三条驴腿"，被村里一些富裕户讥笑为"穷棒子社"。穷棒子社不被人看好，有人预言："这群吃救济粮领寒衣裳的户凑在一块儿，早晚得穷散架！"还有人说他们"浑水的泥鳅成不了龙"。

穷棒子社的社员并没有因此消沉，而是靠着艰苦奋斗、勤俭办社的"穷棒子精神"，拔除了穷根。社里盖羊圈，石头社员从山上拉，木棍、钉子社员从自家拿，不花社里一分钱。秋天记工时，会计为节约用纸，用玉米皮给社员开工票。1953年，办社后的第一年，穷棒子社就焕然一新：粮食亩产254斤，总产45800斤，扣除集体提留，平均每户分粮1400多斤，全社总收入6800多元，扣除各项开支，平均每户收入190多元，公共积累2400多元，创造了西铺村历史上的最高纪录。

毛泽东在一篇报道穷棒子社的文章《书记动手，全党办社》上做出批示："我看这就是我们整个国家的形象。难道六万万穷棒子不能在几十年内，由于自己的努力，变成一个社会主义的又富又强的国家吗？"

艰苦奋斗为人民，红旗渠是典型例子。

红旗渠，曾被周恩来总理称为中国两大奇迹之一。这条人工天河，削平了1250座山头，架设了152座渡槽，开凿了211个隧洞，挖砌土石

达1515万立方米。如果把这些土石垒筑成高2米、宽3米的墙，可纵贯祖国南北，把广州与哈尔滨连接起来。如此浩大的工程，正是河南省林县（今河南省林州市）人民艰苦奋斗的成果。

林县地处太行山区，历史上常年干旱，"荒岭秃山头，水缺贵如油"，庄稼收成自然不好，"早上糠，中午汤，晚上稀饭照月亮"就是老百姓生活的真实写照。1959年麦收之后，林县又遇大旱，县委县政府着手研究对策，最后做出科学决策：引漳入林。说干就干，1960年2月11日正式开工。这天恰好是农历正月十五元宵节，当天，以县委领导为先导的3.7万人的修渠大军开进太行山，在悬崖峭壁上摆开了战场。

这一干就是10年。在10年修渠历程中，仅有50万人口的林县累计有30万人投入其中，198人英勇献身。

据时任林县县委书记杨贵回忆，当时有个13岁的少年张买江，父亲刚刚因为修渠牺牲，他就被母亲送到了总指挥部，指挥长不答应，这位母亲恳求道："让孩子留下来接着干吧，俺知道，红旗渠水流不过来，他爹也闭不上眼啊！"现场的人都感动得落泪。还有一个任羊成，带领12名勇士组成除险队，腰系绳索在半空中除险石，大家说他的工作是"阎王殿里报了名"。除险时门牙被飞石砸落几颗，任羊成担心牙掉了不让上工，就戴上口罩遮掩。

10年成就红旗渠，厉害了，伟大的林县人。而红旗渠精神，至今还激励着所有的中国人。

艰苦奋斗为建设，不能不提大庆油田的"铁人"王进喜。

王进喜当然不是钢铁之躯，他从小是个苦孩子，给地主放过牛羊，带着双目失明的父亲讨过饭。当过油矿童工的经历，让他与石油结下不解之缘。

1959年9月，我国发现了大庆油田。1960年3月，王进喜奉命率队赴大庆参加石油会战。当时的大庆条件艰苦，但王进喜抱定决心，带领大家用五天零四小时打出了大庆会战的第一口生产井。从安装钻机到第一口井完钻，王进喜一连七天七夜不下"火线"，当地老乡感动地说："王队长可真是铁人啊！"从此，"铁人"的名字就传开了。

钻第二口井时，出现了井喷的迹象。危急情况下，王进喜忘记了自己刚刚受伤的腿，扔下拐杖带头跳进泥浆池，用自己的身体搅拌水泥，最终经过两个多小时的搏斗，井喷被制服了，钻机和油井保住了，而王进喜和两个工人的身上却被碱性很强的泥浆烧出了许多大泡。

大庆油田对刚刚起步的中国举足轻重。开采的石油，使我国摘掉了贫油国的帽子，并在过去几十年的时间里为我国能源供给稳定提供了保障。王进喜的铁人精神也感召着一代又一代中国人，新"铁人"不断涌现，为建设新中国贡献着力量。

艰苦奋斗为强国，"两弹一星"背后的故事也很多。

20世纪50年代，面对美帝国主义的核威胁、恫吓，毛泽东在中共中央政治局的一次会议上指出："我们不但要有更多的飞机大炮，而且要有原子弹。"要知道，当时的中国"一辆汽车、一架飞机、一辆坦克、一辆拖拉机都不能造"，研制原子弹又谈何容易！

　　起初的核武器研究所修建工作，苏联提供了指导。但一涉及原子弹问题，苏联迟迟不肯进入正题。中苏交恶后，苏联撕毁协议、撤走专家，逼得"两弹元勋"邓稼先只好带着28位平均年龄只有23岁的刚毕业的大学生，自力更生研发原子弹。当时的苦，不仅仅是生活条件差，更多是技术难关重重。令人难以置信的是，与原子弹有关的数学问题，邓稼先竟然都是用算盘计算出来的！在这个过程中，邓稼先团队计算后得出的一项结论，与苏联专家留下的资料完全不同。到底谁对，谁也拿不准。邓稼先团队反复计算过6次，结果还是一样。直到后来，从苏联回国的物理学家周光召重新论证，才确认邓稼先团队是正确的。为了这个结论，邓稼先团队前后一共进行9次繁复的计算，历时一年多。终于，1964年10月16日，中国第一颗原子弹成功地在西部沙漠上爆炸了。核大国对中国无所顾忌地实行核威慑的历史宣告结束！

　　"我们民族历来有一种艰苦奋斗的作风，我们要把它发扬起来。"中国人的艰苦奋斗，厚重而果决。无论是工人、农民还是知识分子，所有人都坚强而努力，默然奋斗毫无抱怨。他们普通得不能再普通，平凡到毫无特点，然而如果没有他们的艰苦奋斗，也就没有这个美丽新世界。

三、创业难，守业更难，始终保持艰苦奋斗本色

创业艰难百战多。

在创业之路上，有许多团队从意气风发开始，到暮气沉沉终结；从勇猛精进出发，到半途无疾而终；从一开始顺风顺水，万众惊羡，到最终又泯然众人，黯然退场。

还有人初创成功就自大膨胀，攀缘捷径，四处扩张，最终泡沫破碎，一地鸡毛；也有人本钱赚足后就心满意足，只想躺在功劳本里享太平；更有人守着百年老店"崽卖爷田"，坐吃山空。

怎么创业？如何守业？靠什么不断成功？这是古往今来干事创业者不断叩问的话题。

中国共产党的答案很简单：只要努力，就能成功。

中国共产党在很长一段时间内是被人瞧不上的：土气、弱小、坚执。团队不被看好，所从事的事业也不被看好。这个团队从创业到守业，到再创业之路，一直都是披荆斩棘、负重前行。

可以说，这个团队的干事创业，一点窍门、机缘和捷径都找不到。这个团队至今依然如此：坚忍，是不屈不挠的坚忍；顽强，是奋不顾身

的顽强；吃苦耐劳又甘于奉献，永不害怕失败。艰苦奋斗的底色，从未褪色。

这份本色，让人敬畏；这份由艰苦奋斗而来的底气，更是让困难低头，让对手退却。艰苦奋斗90多年，中国共产党始终是一个由奋斗者组成的团队，以艰苦奋斗起家，在苦难中铸造辉煌，在艰险中成就伟业。

这份本色，从上到下，每个人都是以身作则。

在井冈山时期，由于国民党的军事进攻和经济封锁，红军的生活极其艰苦。全军上下，每人每天除粮食外只有五分钱的饭金，还要从五分钱的饭金里节约出零用钱发给大家，军长得一角，士兵也得一角，军长得五分，士兵也得五分，所有人都过着军事共产主义的生活。就是这样一支部队，红米饭、南瓜汤、破衣衫，吃穿用度近乎乞丐，却让"星星之火，可以燎原"成为现实。

战争中如是，和平时同样如此。三年困难期间，国民经济形势严峻，粮食供给出现问题。这一时期，毛泽东决心与人民同甘苦：不吃肉，不吃蛋，不超粮食定量，严格控制伙食标准。朱德的夫人康克清带领孩子挖野菜，以解决粮菜的匮缺。

当时，周恩来在中南海西花厅的住房和办公室都是古建筑，房子年久失修，工作人员多次提出修缮住房，都被周恩来拒绝了。他说："当年的袁世凯、段祺瑞都能在这里办公，而我们共产党人住进了中南海反而就要翻修，这不是自毁名声吗？"对于此事，周恩来逢会必讲："贪大、求洋、讲排场，这不是共产党人的作风，坚持艰苦朴素才是共产党人的本色。"

举国同心，坚韧不拔，在克服巨大的内部困难和外部为难后，中国通过1964年原子弹爆炸成功、1967年氢弹试验成功、1970年人造卫星上天，证明了自己艰苦奋斗的能力。在顽强坚忍的奋斗者眼中，所有的困难都是过眼云烟。

改革开放之初，邓小平就指出："艰苦奋斗，也要高级干部带头"，"高级干部要以身作则，做执行'三要三不要'原则的榜样，做艰苦奋斗的榜样，做实事求是的榜样"。1979年下半年，中央纪委牵头组织起草了《关于高级干部生活待遇的若干规定》，内容共10项，对高级干部的住房、用车、食品供应、外出休养、文化娱乐、遗属生活安排等方面做出详细严格的规定。其间，邓小平多次亲自审阅过程稿，并为之做动员报告，严厉批评干部特别是高级干部中存在的特殊化现象，要求高级干部带头严格执行规定，"通也要执行，不通也要执行"。

这份本色，既落实于大事伟业，又体现在小事小节。

对一代又一代中国共产党人来说，艰苦奋斗既是工作作风，也是生活准则，成大事伟业要艰苦奋斗，个人生活小节同样如此。大事不含糊，小事不糊涂。

在土地革命时期，毛泽东明确提出"应该使一切工作人员明白，贪污和浪费是极大的犯罪"，并强调"节省每一个铜板为着战争和革命事业，为着我们的经济建设"。1949年3月，在党的七届二中全会上，毛泽东又向全党发出了"务必使同志们继续地保持艰苦奋斗的作风"的号召。

随着中国经济的不断发展，有人认为，现在已经不再是战争年代、困难时期，过去提倡艰苦奋斗很有必要，现在再提艰苦奋斗不符合当下生产力水平，艰苦朴素、勤俭节约在国家办大事上继续搞搞就行了，个人生活如果重享受、多消费不但不是坏事，还能拉动内需。

事实果真如此吗？很难想象，一个嗜好山珍海味的干部，能吃惯百姓家里的粗茶淡饭？一个看见灯红酒绿就入迷的干部，会深入田间地头为百姓解忧？一个端着架子、讲究排场的领导，还能与普通群众说上知心话？

由俭入奢易，由奢入俭难。习近平对这种现象深恶痛绝，他曾指出："要教育引导全党同志特别是各级领导干部坚持'两个务必'，自觉为党和人民不懈奋斗，不能安于现状、盲目乐观，不能囿于眼前、轻视长远，不能掩盖矛盾、回避问题，不能贪图享受、攀比阔气。"

这份本色，要在山村茅店中坚守不渝，更要在高楼广厦中发扬光大。

工作生活条件变好了，还要不要艰苦奋斗？毛泽东用一碗酸菜做了回答。

1956年，社会主义建设欣欣向荣，毛泽东却站出来提醒全党要勤俭节约、艰苦创业。他说，1949年"我们有一位将军主张军队要增加薪水，有许多同志赞成，我就反对。他举的例子是资本家吃饭五个碗，解放军吃饭是盐水加一点酸菜，他说这不行。我说这恰恰是好事。你是五个碗，我们吃酸菜。这个酸菜里面就出政治，就出模范。解放军得人心就是这个酸菜"。

改革开放以后，经济条件更好了，都住进高楼大厦了还要艰苦奋斗吗？邓小平的主张是"艰苦奋斗还是要讲""一点不能疏忽"。1981年9月，他在会见日本公明党访华团时说："现在我们搞四化，情况会逐步好起来，但是好起来也要保持艰苦奋斗的精神"，"如果没有远大的理想，只追求物质享受，以后的发展就没有希望"。他还反复告诫："我们还要夹着尾巴做人，要很谨慎，并且要艰苦奋斗；艰苦奋斗还是要讲，一点不能疏忽；要勤俭办一切事情，才能实现我们的目标。"

人们很难想象，在灯红酒绿、熙来攘往的上海南京路上，有一支连队将艰苦奋斗精神坚守至今。这支"南京路上好八连"的每一个官兵都坚持"头发长了互相理，衣服破了自己缝，鞋子坏了自己补，营产营具坏了自己修"的四个好做法，每次野外驻训，大路不走走小路，有车不坐跑步去，到海滨的沙滩、芦苇荡一练就是数月，冬天战士们练得耳朵生出冻疮，夏天则一个个暴晒成了"黑人"。他们的驻地让人羡慕，但他们这些年来对灯红酒绿的拒绝，对艰苦奋斗本色的坚守更令人敬佩。

这份本色，既用来守护基业，更用在开辟新天地。

从创业到守业需要艰苦奋斗，中国共产党人的创业之路永无止境，他们在开辟新天地的时候同样坚守艰苦奋斗的本色。

人们不能忘记，中华人民共和国成立后，正是靠着艰苦奋斗精神的感召，无数建设者为了国家和集体忘我工作、不计报酬，不仅快速恢复了生产，还有力支援了当时的抗美援朝战争，使原本一穷二白的新中国逐渐构建起完备的现代工业体系。可以说，今天中国之所以能成为制造业大国、贸易大国，无惧任何强大对手发起的贸易摩擦，都与我们始终坚持艰苦奋斗分不开。

这份精神同样被中国人用在不断前行的发展道路中。创业难，守业也难，但其实更难的是在守好基业的同时，再去开辟新天地，这不仅需要更大的勇气与毅力，还需要更强的智慧与能力。事实上，艰苦奋斗从来不是不分昼夜的"蛮干"，而是在有利条件和基础上的"巧干、实干"。

1992年9月21日，中国载人航天工程正式上马，一个"特别能吃苦、特别能战斗、特别能攻关、特别能奉献"的团队由此诞生。像载人航天这样的高科技，花多少钱也不可能从外边买回来，只能靠自己一点点摸索，一步步攻关。开始时，中国研制出火箭逃逸塔发动机用时三年，然而历经三年半造出来的飞船整流罩却因为超重而存在隐患，不得不从零开始，重新来做。面对重重困难，中国航天人靠着自己的艰苦奋斗，不仅在2003年成功将航天员杨利伟送入太空，还在载人航天方面不断突破，收获大量拥有自主产权的核心技术。

对于中国共产党这个创业团队来说，艰苦奋斗是一种崇尚俭朴的生活方式，是一种抵制诱惑的作风本色，是一种不断拼搏的昂扬斗志，是一种甘于奉献的高尚情操，是一种攻坚克难的精神动力。习近平在党的十九大报告中要求："全党一定要保持艰苦奋斗、戒骄戒躁的作风，以时不我待、只争朝夕的精神，奋力走好新时代的长征路。"

新时代，依然是艰苦奋斗。

第七章

历史上犯过不少错，事业为何却越做越大

● ● ●

近代以来的中国，前途命运叵测，暗流涌动，很多有志于挽救中国命运的人和团体，结果往往被中国近代动荡流离的命运所裹挟，往往一朵浪花拍来，就泥沙俱下，渺不知踪。

憧憬"师夷长技以自强"的洋务派，尽管兴建起一座座兵工厂，还成功剿灭阿古柏匪帮、收复新疆，成果非凡，但自从马尾海战一败之后便每况愈下；

向往建立"地上天国"的太平军，顺江而下建都天京，偏师北伐搅动北京，何其意气风发，但转瞬间"天京事变"自相残杀，天国随即变为一曲悲歌；

高呼"驱逐鞑虏，恢复中华"的同盟会武昌起义后一路高歌，但随着袁世凯步步为营窃取政权后，这个曾经的革命党就变得灰头土脸，难当大任。

有志者事竟成的，只有中国共产党这个1921年才出镜的后进团队。

为什么？是中国共产党得天地之垂青，从不犯错吗？

当然不是。中国共产党近百年的历程里，犯下的那些错误都在党史里明明白白地写着，有些失误几乎致命。

那么，问题来了，中国共产党的纠错能力为何这么强？

能力挽狂澜，能变挑战为机遇，能在困难与错误中百炼成钢，中国共产党不靠别的，就靠对各种错误踏踏实实的态度："一是敢于承认，二是正确分析，三是坚决纠正，从而使失误和错误连同党的成功经验一起成为宝贵的历史教材。"

毛泽东对这种强悍的纠错能力，有过骄傲而生动的描述：

我是靠总结经验吃饭的！

一、面对错误，从不讳疾忌医

　　1951年10月，身在台湾的蒋介石，在审阅1947年6月、7月的日记后，决定将这段时间的内容秘密印刷，分赠部属。

　　日记里写了些什么呢？是蒋介石关于失败的检讨。根据他的总结，国民党失败的原因有13条之多，比如外交失败、军事崩溃、纪律松弛等，"愧悔无地自容""几无面目见世人"的话也常常见诸纸端。

　　感人吗？感人。

　　真诚吗？真诚才怪！蒋介石反省的内容的确挺多，却始终不提忽视人民利益、个人专制独裁等实质性问题。就像不少古代皇帝所谓的"罪己诏"，表面上自责，内心里却不以为然。蒋介石如此，国民党政府也是如此，作秀，不断作秀，然后把责任推给他人。

　　1947年下半年起，国共战争形势发生逆转性变化。面对节节败退的战局，一部分国民党党徒气急败坏地将矛头对准美国，认为是美国自1945年8月至1947年6月对华实行军火禁运，未能向国民党军队提供足够的武器、弹药和装备，导致贻误战机。这种说法很快被"国防部"自产的报告《"剿匪"重要战役之追述和检讨》打脸，该报告明确指出，弹药和武器的短缺不是军事崩溃的原因。

指责美国不成，国民党一部分人又认为，共产党的情报工作做得太好了，国民党在情报战场上根本不是对手。过分夸大共产党情报工作的作用，说到底还是为自己的失败找借口。

在"谁丢掉了中国"问题上，国民党内一些政治"专家"、历史"专家"继续寻找各种理由，比如"汉卿误国""重庆纵敌""李白逼宫""苏联支援"等。蒋介石还信奉历史定律失败论，认为国民党军队非失败不可。

其实，谁人不犯错？

历史告诉我们，态度最终决定结局。

国民党对待错误喜欢甩锅，最后失败了。

获胜一方的中国共产党之所以伟大，不在于从不犯错误，而在于从不讳疾忌医，敢于直面问题，勇于自我革命，具有极强的自我修复力。回顾中国共产党的近百年历史，有风调雨顺、凯歌高奏，也不乏危难之际的绝处逢生、挫折之后的毅然奋起、错误之后的拨乱反正。

从1927年7月大革命失败到1935年1月遵义会议召开前，"左"倾错误路线曾先后在党内取得了统治地位。

1927年11月至1928年4月的"左"倾盲动主义，认为革命形势在不断高涨，盲目要求准备总暴动。认识到问题的中共中央临时政治局，迅速采取行动，于1928年4月正式承认中共党内存在着"左"倾盲动错误，并予以纠正。

以李立三为代表的"左"倾冒险主义是第二次，史称"立三路线"。中共中央的一些领导人看到形势向有利革命的方向发展，加上共产国际的"左"倾指导思想的影响，头脑开始发热，认为中国革命乃至世界革命已经进入高潮，要求举行全国暴动，同时集中红军力量攻打大城市。在这一过于乐观、盲动的思想指导下，党和革命力量遭受了重大损失。

错了就是错了。在1930年9月召开的党的六届三中全会上，李立三勇敢地承认并检讨了自己的错误。他说："六个月以来，中央许多政治与策略上的决定，我个人的错误更多，因为在政治局，我写的文件与提议都比较多，因此，这些错误，我应负更多的责任。"

党对重大挫折的克服、对重大失误的纠正，显示的正是中国共产党敢于坚持真理、修正错误的品格和精神，彰显的正是中国共产党不同于其他政党的特质和优势。

一个敢于正视错误的政党，身后站立的是一群勇于承认错误的共产党人。

博古是土地革命战争时期"左"倾教条主义的代表人物之一，多次对自己的错误诚恳检讨。在1941年9月至10月的中央政治局扩大会议上，博古两次发言，承认1932年至1935年的错误他是主要负责人。在1943年9月和11月召开的中央政治局会议上，博古的检讨升级，表示在教条宗派中除王明外，他是第一名；内战时期，他在国内是第一名；抗战时期的投降主义，以王明为首，他是执行者和赞助者；此外，还检讨了教条宗派形成的历史和个人的错误。到了1945年4月，博古在中共"七大"讨论政治报告时发言，又一次检讨了自己的教条主义错误。

三番五次检讨错误，并不可耻，恰恰体现了一个中国共产党人的真诚和成熟。

张闻天曾被称为党内"左"倾领导中起来反对"左"倾错误的第一人。担任过中共中央总书记的他，毫不讳言自己做过王明"左"倾错误路线的宣传员，对于错误，他深刻反省、坦坦荡荡。

张闻天反省刚刚从苏联回国的自己："主观主义者……对于中国革命这个必然性既然是瞎子，却妄欲充当人们的向导，真是所谓'盲人骑瞎马，夜半临深池'了。"

经过革命实践，张闻天的思想逐渐转变。在长征途中，张闻天没有跟李德、博古站在一起，而是和毛泽东、王稼祥团结起来反对李德、博古的错误领导，这为遵义会议的胜利召开奠定了基础。

在延安整风运动中，张闻天主动深刻检讨错误，成为全党自觉开展自我批评的榜样。张闻天现身说法，指出："任何共产党员，即使他过去既接触实际，又联系群众，只要他一旦脱离实际，脱离群众，他就会硬化起来，走进老布尔什维克的博物馆，做历史的陈列品。"

张闻天后来主动退出党中央领导核心，拥护毛泽东的领导，他说"真理在谁手里，我就跟谁走"。

事实上，中国共产党在成长道路上遭遇的艰难险阻，是世界上任何其他政党都不曾有过的。历经挫折却越挫越勇，勇于面对一切失误，让原本青涩的创业小团队越发成熟和强大。

这一品质保留至今，以至于英国《金融时报》前驻北京记者里查德·麦格雷戈在其书中说，"在每次灾难之后，中国共产党都站起来重整盔甲并加强它的势力，不知怎的它经受住了批评家的指责，从智力或行动上超越他们"，"从而让在无数危急关头预言其消亡的专家学者窘迫无措"。

二、对错误勇于纠正，百炼成钢

"公开承认错误，揭露犯错误的原因，分析产生错误的环境，仔细讨论改正错误的方法——这才是一个郑重的党的标志，这才是党履行自己的义务，这才是教育和训练阶级，进而又教育和训练群众。"

中国共产党无疑是对列宁这段话的最出色的实践者之一。

中国共产党一开始就高人一筹，选对了反思错误的方向，无论是个人还是党自身，皆是"对内找责任"。对于个人犯错，从不回避，坚持真理，立即改正；对于"老师"犯错，前人示警，善于总结，避免再犯。

正因如此，中国共产党所犯的错误，才能成功转化成为理论创新的宝贵经验财富，而没有成为沉重的历史负担；所遭遇的挫折，才能成功转化成为奋勇前行的巨大动力，而没有成为创业路上的绊脚石。

"四渡赤水出奇兵，毛主席用兵真如神。"红军《长征组歌》中这样夸赞毛泽东。他一生中有没有打过败仗？毛泽东亲口承认"打过"。1956年9月10日，毛泽东在中共"八大"预备会议第二次全体会议上，对与会者坦陈："我是犯过错误的。比如打仗。高兴圩打了败仗，那是我指挥的；南雄打了败仗，是我指挥的；长征时候的土城战役是我指挥的，茅台那次打仗也是我指挥的。"毛泽东连举四次败仗，两次发生在长征时期。

习近平曾用诗一样的语言纪念周恩来，说："周恩来，这是一个光荣的名字、不朽的名字。每当我们提起这个名字就感到很温暖、很自豪！"周恩来也是勇于担责的人。他对南昌起义的失败念念不忘，曾对军事博物馆的讲解员说："南昌起义失败了，我有责任，没想到要和农民运动相结合，建立农村根据地，还是搞以城市为中心，当时也是没经验。你们要把这件事讲清楚。"在社会主义建设时期，周恩来还主动承担大炼钢铁、"大跃进"等的错误责任并率先做检讨。

邓小平一生做的检讨也不计其数。根据《邓小平年谱》，他检讨的种类繁多：部队没打好仗他要检讨，工作不力他要检讨，受到错误批判他要检讨；成为第二代中央领导集体的核心后，还曾深刻检讨，"十年最大的失误是教育"。

有这样一代又一代党的领导人带头，勇于认错、坚决纠正自然就成了中国共产党的传统。

历时四年的延安整风运动，堪称中国共产党思想政治教育的伟大创举。

为什么要花这么长时间整风？从历史角度看，最主要的是为彻底批判党内教条主义和主观主义错误思想，尤其是为肃清和纠正以王明为代表的"左"倾教条主义的影响，进而推动马克思主义中国化。更现实的原因是，延安时期的中国共产党员队伍已从1937年的4万人增至80多万人，成分复杂。在各种错误思想还有"市场"的情况下，亟须解决中国革命是从实际出发还是从教条出发的认识问题。

延安整风整的是什么风？主要是三风，即学风、党风和文风。说白了，整风就是自己拿自己开刀，就是反对主观主义以整顿学风，反对宗派主义以整顿党风，反对党八股以整顿文风。毛泽东说："整风学习的目的是打碎两个宗派，教条宗派是头，经验宗派是脚。"

延安整风效果怎么样呢？通过整风，确立了实事求是的思想路线，使全党摆脱了主观主义与教条主义的禁锢，使全党在思想上达到了空前的统一。

延安整风，还赢得了国民党的重视和效仿。最初，国民党很不看好延安整风，不仅如此，还极尽讽刺挖苦之能事："共党怎样整顿三风呢？这是共党前途的关键。可惜我们看遍了共党的文件，看不出将来会有什么好结果。"到了1947年9月，国民党彻底转变，在其六届四中全会上竟然印发延安整风的《关于调查研究的决定》《关于在职干部教育的决定》《关于增强党性的决定》三份文件作为学习材料。败退台湾后，蒋介石更决心仿效延安整风，在1950年开展国民党改造运动。

知错能改，善莫大焉。有一些错误，深植在思想层面，纠正起来并不容易，但是，中国共产党人做到了！

1977年7月初，南京工人医院里，一位43岁的中年人，就着病区走廊的灯光，蹲在椅子前奋笔疾书。他，就是南京大学哲学系副主任胡福明。深受"文革"之害的胡福明，在照顾生病的爱人的间隙，拟定了一篇文章的提纲。稿子写就之后，他心里惴惴不安。万万没想到，这篇不到8000字的文章，犹如石破天惊，引发了全国上下关于真理标准的大讨论。

这篇文章就是《实践是检验真理的唯一标准》。里面有些句子，现在读来仍然力透纸背，比如"凡是科学的理论，都不会害怕实践的检验"，比如"自吹自擂证明不了真理，大规模的宣传证明不了真理，强权证明不了真理"，再比如"坚持实践是检验真理的唯一标准，就是坚持马克思主义"，等等。

这篇文章被刊发后，马克思主义观点与"左"倾错误观点进行了激烈的交锋。坚持"两个凡是"的人指责文章犯了方向性的错误，因而压制这场大讨论。邓小平以巨大的理论勇气和政治魄力，有力地推动了真理标准问题讨论的深入开展。

实践是检验真理的唯一标准的提出，吹响了新中国第一次思想解放的号角，为党的十一届三中全会的召开做了思想准备。1978年，党的十一届三中全会胜利召开，在这场具有历史性转折意义的会议上，邓小平做了题为《解放思想，实事求是，团结一致向前看》的报告。由此，中国共产党又一次脱胎换骨，焕然一新：全会开始了党在思想路线上的拨乱反正；完成了全党政治路线上的拨乱反正；重新确立了党的正确的组织路线，决定处理一批冤假错案；以邓小平为核心的党的第二代领导

集体在十一届三中全会后逐步形成。

1978年那个冬天的全会,历史意义远不止于此。它彻底改变了中国共产党,为中国打开了改革开放的大门。

三、批评和自我批评，中国共产党治党的"良药""武器"

1941年6月3日，陕北忽然天降大雨，电闪雷鸣。陕甘宁边区的一个农民的一头驴被雷电击毙。伤心的农民事后怒骂："雷公不长眼，咋不打死毛泽东？"

驴子死了却诅咒毛主席，这还了得？

当地保卫部门很快就把这句话当作反革命事件进行追查。这时，毛泽东站出来阻止了追查，要求分析原因，看是否做了错事引起老百姓的反感。结果发现是由于征粮过多，引起了农民的不满。了解到这一情况后，毛泽东很快就研究出办法纠正征粮过重问题，发起了边区的大生产运动。

几年以后，毛泽东仍记着此事，仅在1945年中共"七大"召开期间就四次"检讨"了这个问题，用以自省并教育全党干部。他说："我有个经验，即许多话就是从闲话中听到的。"他要求，领导干部要乐于听"闲话"，以便从中发现和改正自己工作中的缺点、错误。1958年，他在起草《工作方法六十条（草案）》时这样写道："各级党委，特别是坚决站在中央正确路线方面的负责同志，要随时准备挨骂……"

乐于听"闲话"，随时准备挨骂，勇于承认错误、开展自我批评，正是有了这样的态度，中国共产党才超越一个个错误，斩获一个个胜利。

　　批评和自我批评，从来不是毛泽东一个人自觉的认识和行动，而是全党遵奉的生活准则。在中国共产党人心目中，批评和自我批评，与理论联系实际、密切联系群众一起组成了党必须始终坚持的三大优良作风。

　　因而，在一些共产党人眼中：如果共产党不能进行批评和自我批评，就不成其为共产党。

　　说这句话的，是陈云。

　　作为一名党员，陈云反对"一言堂"。他认为，要"允许有不同意见的辩论，这样可以少犯错误。一个人讲了算，一言堂，一边倒，我认为不好"。

　　作为一位高层领导人，陈云要求领导干部警惕那些"抬轿子、吹喇叭"的人，"在党内不怕有人说错话，就怕大家不说话。有些'聪明人'，见面就是'今天天气哈哈哈'，看到了缺点、错误也不提。如果这样下去，我们的革命事业就不能成功，肯定是要失败的"。

　　他特别强调：如果共产党不能进行批评和自我批评，大家见面都是哈哈哈，共产党就不成其为共产党了。"只要有勇于开展批评和自我批评这一条，坚持真理，改正错误，我们共产党就将无敌于天下 。"

　　陈云是这么说的，也一直是这样做的。1959年，中国将这一年的钢铁产量指标下降到了1800万吨，然而这依然是一个很高的指标。有丰富经济工作经验的陈云对此做了认真分析，最后找到毛泽东直抒己见，要求降到1600万吨。毛泽东接受了意见，并对陈云赞不绝口，认为他的话很正确，在钢产量指标问题上"正确的就他一个人""坚持真理很勇敢"。毛泽东甚至还深有感怀地谈到工作方法问题，强调要"多听别人意见"。

有这样的领导集体，就不难理解中国共产党内部的批评和自我批评为何能蔚然成风了。而这种蔚然成风，让中国共产党得以在各种重大历史关头，总能拿起这一"武器"，排除错误思想，走上成功道路。

第一次国共合作失败后，毛泽东等人在"八七会议"上批评陈独秀等人的右倾错误，开始独立探索武装斗争道路，逐步实现"星星之火，可以燎原"的革命高潮。

长征路上，毛泽东、周恩来、张闻天等人通过在遵义会议上的批评和自我批评，终结了临时中央在军事上的"左"倾错误，在危急关头挽救了中国革命。

抗战时期，中国共产党更是在延安整风中通过严肃的批评和自我批评，消除了主观主义、宗派主义、党八股等不良作风的影响，让全党在思想上高度一致，在组织上空前团结。

对于这一优良作风，中国共产党还积极推动它在全国范围内形成影响力。1950年4月19日，中共中央发出《中共中央关于在报纸刊物上展开批评和自我批评的决定》，指出："在一切公开的场合，在人民群众中，特别在报纸刊物上展开对于我们工作中一切错误和缺点的批评和自我批评。"这一决定在全党和全国人民中间产生了热烈的反响。

在刘青山、张子善因巨额贪污被处决的一个月前，一些党员群众就投书《人民日报》，批评当时河北省委、省政府领导干部的官僚主义作风，质问："像他们（刘青山、张子善）这样大规模地贪污、盗窃国家财物，在天津专区闹得风声很大，为什么河北省政府竟长期没有发觉？"为此，河北当时的主要领导分别代表省委、省政府在《人民日报》上做了公开检讨。

在批评和自我批评上下这么大力气，会不会伤害党内团结？

陈云的回答是"论事不论脸"。他认为，共产党员"要讲真理，不要讲面子。是什么就是什么，应该怎样就怎样。有的时候你愈要面子，将来就愈要丢脸。只有你不怕丢脸，撕破了面皮，诚心诚意地改正错误，那时候也许还有些面子"。反之，如果放弃批评和自我批评，任由"一言堂""家长制""你好我好大家好"一团和气随意滋生，则不是真正的团结，会造成严重后果。

毛泽东则在延安整风中提出"惩前毖后，治病救人"方针，强调揭发错误、批判缺点，目的是救人，只要被批评的同志不讳疾忌医、不固执于错误，就能得到欢迎，这就是党内有名的"团结—批评—团结"公式，是从团结出发，通过积极的思想斗争来达到新的团结。

正是因为这一治党利器，党内各个时期的不同意见得以互相交锋、融合，不仅有利于明辨是非，有效应对危机困难，还能统一思想，同心同德，朝一个方向使力。正是因为这一治党利器，中国共产党最终能在"文化大革命"之后迅速拨乱反正，开辟了改革开放和社会主义现代化建设道路，也使中国能在东欧剧变的浪潮后稳立潮头，岿然不动。

不过，要做到批评和自我批评并非易事。尤其是一些地方，"潜规则"浸润太久并逐渐流行，有些人在批评和自我批评上含糊其词、弄虚作假，"自我批评摆情况，相互批评提希望"，有些人搞攻守同盟，"你不批我，我不批你；你若批我，我必批你"，还有些人"官官相护"，"上级对下级，哄着护着；下级对上级，捧着抬着；同级对同级，包着让着"。

这种放弃批评和自我批评，"你好我好大家好"一团和气，是民主和团结吗？

当然不是。

这种缺乏党性原则的现象，只会让人们消解奋进的锐气、丧失创新的勇气，陷入庸俗的人际关系窠臼。针对这一现象，习近平给出斩钉截铁的回应：要把批评和自我批评作为防身治病的有力武器，通过积极健康的思想斗争，不断洗涤每个党员、干部的思想和灵魂。"自我批评要一日三省，相互批评要随时随地，不要等小毛病发展成大问题再提。要让批评和自我批评成为党内生活的常态，成为每个党员、干部的必修课。"

四、大胆探索，鼓励试错，宽容失败

"忽细事者祸必盈，轻小乱者亡必聚。"对待各种错误、失利，中国共产党可谓细心备至，态度诚恳。

不过，也许你想象不到，这个创业团队对待错误与失败还有另外一种态度：鼓励试错，宽容失败。

习近平曾经在2015年讲的一段话中对这种态度做出阐释：基层改革创新，既鼓励创新、表扬先进，也允许试错、宽容失败，营造想改革、谋改革、善改革的浓郁氛围。

的确，失败是成功之母。但只有在你吸取失败教训时这句话才能成真。中国共产党是这么认识的，也是这么做的。

回顾过去百年历程，人们不难发现，无论是中国革命还是建设道路，都无比艰险，不断试错，随时纠正，继续前行。"世上本没有路，走的人多了，也变成了路"，而这条成功之路"就是从没有路的地方踏出来，从只有荆棘的地方开辟出来的"。

这条路在没开辟出来之前有多艰险呢？

1978年，广东省宝安县出了个大问题。自当年1月到11月，当地农民因生活所迫外逃已达1.38万人，其中大部分是"偷渡"到与宝安县相邻的香港。农民大量外逃，直接导致宝安县20多万亩耕地抛荒。广东省委将"逃港"热潮当作恶性政治事件上报给了邓小平。

这一系列问题要如何解决，肯定也曾让这位拥有大智大慧的老人头疼很久。最终，广东省委要求在广东建设"贸易合作区"的汇报让邓小平找到了思路。他在1979年4月的春光中大笔一挥，画了个圈，说出一句世人传诵的话："你们自己去搞，杀出一条血路来！"

事实上，1978年以来的中国改革开放很大程度上是"摸着石头过河"试出来、闯出来的。深圳特区是其中最显著的例子，办经济特区是前无古人的创举，能不能成、会不会出错、会捅多大的娄子，当时的改革推进者、参与者和执行者统统心里没底。当时在深圳主持工作的吴南生面对层层压力和思想负担，脱口而出"我去办特区，要杀头就杀我"，这种大无畏精神成为当时大胆探索、勇于试错的改革者的写照。

在"杀出一条血路""要杀头就杀我"的悲壮进军令下，深圳特区开始了拓荒之旅，国内第一家股份制企业、第一家国有资产管理机构、第一起土地转让、首次进行住房商品化改革、率先取得价格改革突破、率先发行股票、首先取消粮票等票证，无不证明这座城市先行先试、大胆探索的精神气质。当年的海滨渔村，凭着这股子"敢为天下先"的锐气，一跃成为"北上广深"一线城市的成员。

对这份鼓励试错、大胆探索下的成功，邓小平在南方谈话中说道："改革开放胆子要大一些，敢于试验，不能像小脚女人一样。看准了的，就大胆地试，大胆地闯。深圳的重要经验就是敢闯。""不冒点风险，办什么事情都有百分之百的把握，万无一失，谁敢说这样的话？一开始就自以为是，认为百分之百正确，没那么回事，我就从来没有那么认为。"

当然，改革历程充满艰险，并非时时刻刻都是欢声笑语。对待失败、犯错，该当如何？

邓小平的第一个回答是：不怕。

1992年，邓小平听说"深发展"股票卖不出去的事，也留下了一席话："证券、股市，这些东西究竟好不好，有没有危险，是不是资本主义独有的东西，社会主义能不能用？允许看，但要坚决地试。看对了，搞一两年对了，放开；错了，纠正，关了就是了。关，也可以快关，也可以慢关，也可以留一点尾巴。怕什么，坚持这种态度就不要紧，就不会犯大错误。"

正是这一番透着浓浓四川口音的话语，破除了当时社会在思想和理论方面的禁忌和障碍，给股市吃下了一颗定心丸。中国证券市场自此不再畏首畏尾，开始了大踏步的前进历程。

另一个回答是：宽容。

干事创业历来艰难，如果习惯于以成败论英雄，结果只会让改革者畏手畏尾、士气低沉。在改革开放之初，对各种大胆探索的支持氛围十分开放，这种鼓励试错、宽容失败的大环境，让一个个企业家从草根出发，凭一身干劲、闯劲和聪明劲，开始了自己的探索之路。

1980年，浙江海盐一家服装厂的新厂长步鑫生面对工厂产品积压、濒临倒闭的局面，决定借鉴农村的联产承包责任制，大胆推行"联产计酬制"，一下子调动了工人生产销售的积极性，海盐的衬衫很快行销全国，步鑫生也成为改革风云人物之一。1984年，石家庄造纸厂业务科长马胜利毛遂自荐承包造纸厂，推出改革"三十六计"和"七十二变"，使造纸厂迅速扭亏为盈。1987年，在全国近千家企业"求承包"的呼声下，马胜利承包全国100家亏损造纸厂，组建"中国马胜利纸业集团"。

由于市场变化、管理缺陷和盲目扩张等各种原因，步鑫生、马胜利的"试验"并没有辉煌到最后，但是他们先行试错的勇气和失败教训，不仅影响到了同时代的鲁冠球、汪海等企业家，也为后来的中国企业家干事创业提供了借鉴。

对于这段历程，陈云后来总结提出了著名的"摸着石头过河"论，"改革固然要靠一定的理论研究、经济统计和经济预测，更重要的还是要从试点着手，随时总结经验，也就是要'摸着石头过河'"。

这一改革方式获得的评价相当高。美国经济学家诺斯认为，试点赋予了中国制度结构一种非同寻常的适应能力，"在应对新挑战的同时抓住开放带来的机会"。德国学者韩博天系统地研究了类似的政策试点过程，认为这才是中国经济崛起的制度条件。

当下，在全面从严治党新形势下，各种"为官不为"的消极心理在干部队伍中有滋生蔓延之势。"多干多错，少干少错，不干不错""为了不出事，宁愿不干事"，一些人懒政怠政的心态甚至影响到了一些真心想干事、努力谋创业的干部。对于这些好干部，提供宽松的环境和氛围，鼓励试错，就是对他们每一步大胆探索、艰辛前进的最好支持。

可以说，中国共产党近百年的创业发展历程，实际上就是一个不断试错的过程。渡尽波折是常态，顺风顺水是少数，往往不知要经历多少次失败、多少人拼命努力才前进一步，这就是中国共产党创业的真实面貌。

对这种情况，毛泽东看得敞亮："错误和挫折教训了我们，使我们比较地聪明起来了，我们的事情就办得好一些。"他还要求，"失败的教训同样值得研究，它可以使我们少走弯路"，"错误常常是成功的先导"。

对这种情况，邓小平非常大度："什么事情总要有人试第一个，才能开拓新路。试第一个就要准备失败，失败也不要紧。"

正是因为"少走弯路""失败也不要紧"，中国共产党才能真正战胜各种错误、百炼成钢。

第八章

一步实际行动胜过一打纲领

2017年10月16日上午，来自拉美、海湾等地区的外媒记者在北京参观"砥砺奋进的五年"大型成就展时，连连发出"非常了不起"的赞叹。

　　"中国共产党的魅力在于，能够定下一个发展目标，然后用很强大的执行力迅速落实，这真的非常了不起。"外媒记者的这番话，无意中点出了中国成绩背后的"秘密武器"。

　　这个武器，就是中国共产党卓绝的执行力。

　　马克思在《哥达纲领批判》一文中说："一步实际行动胜过一打纲领。"

　　毛泽东说："一万年太久，只争朝夕。"

　　邓小平说："世界上的事情都是干出来的，不干，半点马克思主义都没有。"

　　习近平说："中华民族伟大复兴，绝不是轻轻松松、敲锣打鼓就能实现的。全党必须准备付出更为艰巨、更为艰苦的努力。"

　　行胜于言。中国共产党人正是凭着一股子敢为人先的闯劲儿、用头脑指挥行动的巧劲儿和不争论的大智慧，才缔造出了今日中国之强大。

一、行胜于言：有条件要上，没有条件创造条件也要上

"王杨：军委来电，限左路军于明天夺取泸定桥，你们要用最高速度的行军力和坚决机动的手段，去完成这一光荣伟大的任务。"

1935年5月28日，一纸新的作战任务摆在了红二师四团团长王开湘（又名黄开湘）、政委杨成武面前，作战命令是时任红一军团军团长林彪、政委聂荣臻联合签署下达的。"王杨"深知泸定桥的重要，蒋介石一直想在大渡河剿灭红军，作为先头部队，决不能让敌人的阴谋得逞。但红军的困难也是客观的，就在前一天，他们刚从安顺场出发，一面行军，一面打仗，一天奔袭80余里。从安顺场到泸定桥，大约有320里路，按照这一作战命令，他们必须在一天一夜走完余下的240里。

这是一个几乎不可能完成的任务。不仅路途远，天公也不作美，倾盆大雨中部队怎么走？军令如山！不可能完成也要完成。5月29日下午，红四团22名勇士，胜利抢占泸定桥；后续部队迅速歼灭残余守敌，成功占领泸定城。接着，中央红军主力陆续由泸定桥渡过大渡河，彻底粉碎敌人前后夹击合围的阴谋。史称"飞夺泸定桥"。

没有飞夺泸定桥，就没有"大渡桥横铁索寒"的诗句。中国共产党

人为什么能？中国共产党团队为什么敢为人先、行动迅速？

第一，中国共产党的质感与西方政党不一样，与国民党更不一样。

西方政党是隔几年才活跃一次的选举动员力量，而中国共产党的力量源于人民，是靠真本事、真奋斗赢得了民心。美国学者福山比较中美两国政党政治后认为，中国共产党具有强大的政党治理能力和国家治理能力，而美国政党组织在这方面相对欠缺。

中国近现代史上，民族救亡不是中国共产党发起的，却是由中国共产党完成的。完成这项重大任务的为什么不是起步更早的国民党而是共产党？一个是内部涣散、派系林立，一个是团结一心、众志成城。答案自然不言而喻。

国民党内部涣散的程度，1942年国民党五届十中全会的党务报告中提到过：在全国3万多个区分部中，不能按期开会，或未能开会者，占68%。早在1939年，一度担任国民党中央组织部部长的张厉生就慨叹："（国民党）党员数目，变成一篇糊涂账，同二十五史一样难查，谁都不知道到底有多少同志。"

派系林立的例子就更多了。1947年，国民党主力部队之一的整编74师被围孟良崮，因师长张灵甫和奉命来驰援的桂系部队属于不同派系，增援仅仅是做样子。张灵甫不得已向更外围的蒋介石嫡系部队求援，然而远水解不了近渴，导致王牌部队74师全军覆没。

团结就是力量

团结就是力量

这力量是铁

这力量是钢

比铁还硬

比钢还强

中国共产党是这么唱的，更是这么干的。

《团结就是力量》曲作者卢肃谈起这首创作于1943年的歌曲时说，团结起来就是力量，在困难中要依靠自己，坚持抗战，迎接新中国的到来。

中国共产党从成立那天起，就义无反顾挑起了实现中华民族伟大复兴的历史重担，上下团结，凝聚人心，大干苦干。从1928年4月的朱毛井冈山会师，到1936年10月红军胜利长征；从陕甘宁根据地的创立发展，到南泥湾变成"陕北好江南"；从中国人民"站起来"到"强起来"，中国共产党创业团队把他的对手远远地甩在了后面。

第二，中国共产党的执行力，有无私奉献、顾全大局、艰苦奋斗等一系列优秀品质的加持。

有一种顾全大局，是紧要关头的选择。

1936年12月，"西安事变"后，中共在"杀蒋"和"联蒋"之间选择联蒋抗日，是顾全大局；1947年，中共中央撤出延安，以退为进，麻痹国民党，吸引其有生力量，同样是顾全大局。

有一种顾全大局，是有所舍弃、成全别人。

1935年年底，红15军团首长徐海东收到毛泽东写的一张借条。借条上是这样写的：

海东同志：

　　请你部借2500元给中央，以便解决中央红军吃饭穿衣问题。

　　此致

敬礼！

毛泽东

一九三五年十二月

收到借条，徐海东的第一反应是惭愧，他为自己考虑不周而自责。尽管此前已经让经理部给中央几位领导同志做了几套棉衣，送去了几包银耳，尽管自己的部队也需要一大笔钱支付伤病员过冬的费用，但是徐海东仍然把供给部长叫来，决定：自留2000块大洋，5000块大洋给中央。

多年后，毛泽东一直记着这件事，他说："那时候，多亏了那5000块大洋啊！"

对中国共产党人而言，如果有需要，钱可以给，职位也可以让。

早在20世纪20年代末30年代初，周恩来在党内外的名望和地位均高于毛泽东。但在革命过程中，周恩来认识到，只有毛泽东能使红军重整旗鼓，也只有他能扭转局势。1932年7月29日，周恩来写信给中央局，坚持由毛泽东担任红一方面军总政委，反复陈述：如果由自己任总政委，将"弄得多头指挥，而且使政府主席将无事可做"。

抗战时期，中国共产党在根据地实行"三三制"政权，规定政府人员或民意机关中，共产党员只占1/3。1941年11月，延安召开边区第二届参议会。选举结果是18名政府委员里共产党人占了7名，为了贯彻"三三制"的大局，共产党员徐特立当即声明退出，由党外人士递补。

第三，中国共产党坚持"把纪律挺在前面"，执行任务不打折扣，遇到困难不找借口。

1949年5月25日的清晨，蒙蒙细雨。上海市区一些早出门的市民被眼前的情景惊呆了：一群群战士和衣抱枪，睡卧在车水马龙的马路两侧。他们的军衣上满是尘土，绑腿上还沾着泥星，看上去很累很困，睡得很熟很香。

这是人民解放军解放上海时的一个情景。铁的纪律是早就定好的。渡江战役前，第三野战军就为此制定颁发了《入城三大公约十项守则》。毛泽东看到"入城守则"的草案后，挥笔批复了八个大字："很好，很好，很好，很好！"

严明的纪律，解放军执行得不折不扣。原国家副主席荣毅仁回忆，1949年5月25日那天，他的车开到一个路口，有战士告诉他，前面有战斗不安全，别过去。解放军战士和气诚恳的态度，深深打动了他，也让荣氏父子全家打消了举家迁离上海的打算。

纪律是生长在中国共产党骨子里的"洪荒之力"。马克思在创建无产阶级政党之初就明确指出："我们现在必须绝对保持党的纪律，否则将一事无成。"中国共产党自诞生就坚持"党的纪律为铁的纪律"。

加强纪律性，革命无不胜。今日中国的大好局面，就是执行铁的纪律的结果。

第四，中国共产党有强大的使命感，立足当下、放眼长远，执行起来雷厉风行。

邓小平尚未复出工作时，就一直在思考教育问题。1977年5月，他痛心地指出："同发达国家相比，我们的科学技术和教育整整落后了20年。"这一年7月，邓小平复出，主动请缨分管科技、教育工作。

1977年8月初，邓小平提议举行一次全国科学和教育工作座谈会。会上，有专家提出抓紧恢复高考是选拔人才的好方式，邓小平听后表态："'十六字'方针必须推倒。恢复统一高考从今年开始。"

在这之前十多年的历史中，"自愿报名，群众推荐，领导批准，学校复审"的"十六字"方针成为中国大学录取方法的遵循。这一方针使大学教育走上了严重的形式化、政治化道路，为了照顾文化程度低的学生，不得不"大学变小学"。

对邓小平的这一表态，时任教育部长刘西尧回复说，今年恢复高考来不及了，招生工作会议已开过了。

邓小平表情严肃地说，今年就改，看准了的，不能等，重新再召开一次招生会议就是了。

从专家发言到邓小平最后拍板，20分钟就定下了恢复高考制度的主基调。

恢复高考制度，不仅改变了无数人的命运，也改变了国家的未来。多少人通过高考将失去的青春夺了回来，多少人通过高考实现了干事创业的梦想。

二、用大脑指挥行动

一个有执行力的团队，必然也是一个极其有头脑的团队。在执行力上勇猛精进的中国共产党人，在攻坚克难时坚决拒绝大水漫灌，排除一味蛮干，不当"没头脑"和"不高兴"。

对于分配的任务，有人会选择"被动执行"，有人会"低效执行"，还有人会"机械执行"。

在共产党团队里，这些情形都是他们极力避免和纠正的。

关键词一：善于思考。

为了事业有更大发展，中国共产党人会主动想办法，找出路，甚至对已经布置下来的"任务"，也善于做反向思考。

陈赓大将，勇猛善谋，指挥打仗举重若轻，历来为中央倚重，战争年代很多急难险重的任务多次由他担纲。这样一个执行力强的优秀将领，有一次却坚决拒绝执行任务。

出了什么状况？

解放战争中，国民党军队对陕北发动重点进攻。考虑到西北作战情况，中央决定调动陈赓所部西渡黄河，保卫陕甘宁，与胡宗南集团作战。陈赓来到陕北见到毛泽东，却力陈应南渡黄河，攻入国民党防守薄弱的豫西地区，用一招"围魏救赵"给胡宗南的后方戳上一刀。这一建议显然与中央"保卫延安"的初衷不符，陈赓作为一名耿直的军人，却当面向毛泽东指出原方案的不足，要求改变进军计划。其实，毛泽东此时已改变作战计划，与陈赓不谋而合，于是很快新的出兵方案确定下来，陈赓随即率部出师河南，连战连捷，配合刘邓、陈粟大军形成"品"字形，开拓中原战场，掀起了解放军战略反攻的序幕。

不仅要分析外部局势，还要学会琢磨自己，不断总结，做综合思考。在这方面，中国共产党也是时刻牢记，很多领导者就是通过不断总结、不断思考而从一线中成长，从基层中成熟。

通过不断地"总结"与"琢磨"，共产党早期队伍中的不少一线指战员逐渐成长，逐步告别旧军队和军校教育带来的经验主义、机械主义，在用兵打仗中特别灵活机动，善用疑兵，同时又勇猛善战、敢打敢拼，从而创造了近代以来中国军事史上一场场以少胜多的经典战斗。

关键词二：追求高效。

除了在执行力上拼速度，中国共产党人还特别强调高效率。改革开放以来，中国创造了一个个改革建设的新速度纪录，而支撑这种速度的基础，已经不再是过去那种盲目追求"超英赶美"的狂热，而是"时间就是金钱，效率就是生命"的科学高效精神。

这段发展历程中，有一个"4分钱惊动党中央"的传奇故事。

1979年8月，深圳蛇口工业区顺岸码头工程动工。动工初期仍采用过去的平均主义老办法，吃惯了大锅饭的工人干劲很差，每人每天运土不过二三十车。无奈之下，工程方决定采用现金奖励的办法，规定每天定额55车，完成定额就每车土奖励2分钱，超过定额就按每车4分钱奖励。这一下，工人们沸腾了，每人每天运土近八九十车，最厉害的人能运到130多车，工程提前一个月完工。国家由此获益130多万元，增加的成本仅仅是多为工人发放了不到3万元的奖励。不过这一奖金制度，竟被一些人以"滥发奖金"的理由进行指责，并被上级勒令停止，一份关于这一事件的内参还被送进中南海。"4分钱惊动党中央"，幸而中央领导看后专门批示，认为奖金制度可行。于是，蛇口恢复了超产奖励制度，并在以后的华美钢厂、南海石油基地等项目中全面执行，工程进度大大提前，赢得了"蛇口效率"的美誉，吸引了大量外商投资，而"效率优先"的理念也逐渐熏染整个中国，彻底改变了中国人当时的时间观念、效率观念。

关键词三：细节完美。

细节决定成败，确保每一个执行环节都不掉链子，就得时刻警惕细节上的"魔鬼"。在这一方面，中国共产党人堪称认真执行、死抠细节的模范。

党的不少高级干部在回忆周恩来时，会不约而同地提到一件事——这辈子有"两怕"：一是怕主席的威严，二是怕总理的认真。周恩来一向严格细致，在听汇报时，他极其反对用"大概""差不多""可能"这种含混不清的词，而要求用准确的数字说明问题。有时候，对那些含糊其词、不负责任的人和事，周恩来会严厉批评，哪怕对方是部长也毫不留情："你签了字，问你情况答不上来，那就是官僚主义！"抓落实时，他更是强调"不要如浮云一样，过了就忘了"，要一抓到底。

有一次，周恩来在中南海怀仁堂宴请来访的印度客人。宴会气氛正浓，大厅里突然断电了，过了一小会儿，灯才亮起来，宴会顺利进行。

挺小的一件事，周恩来当时啥也没说，仿佛根本没有断电这个小插曲。然而，到了后半夜3点，周恩来突然把外交部、中央办公厅、北京市电力局等部门的负责人都叫来开会，一刻也不许耽搁。面对刚爬出热被窝、哈欠不断的各部门负责人，周恩来严肃地问道："怀仁堂的电力都没有保证，这个问题到底出在哪个环节上？"他对各部门挨个追查原因，逐人追究责任，根据责任大小做出了不同的批评，并研究杜绝此类事件再次发生的措施。他还特意提醒大家，之所以"在这个时候把你们找来"，就"是要让你们印象深一些"。

关键词四：善做动员。

执行关键在人。

"人心散了，队伍不好带了"，这样的团队，谈何执行力？凝聚力里出战斗力，才能集中力量干大事。中国共产党的创业团队，历来强调"人心齐，泰山移"，对团队中的情绪、思想问题，从尚未冒头时就注意起来，越是临战，越是接受急难险重任务，就越是抽出时间，平心静气地进行动员，对不良情绪进行有针对性的纠偏，统一认识，动员所有成员集中力量，向一个目标努力，保质保量完成任务。

解放战争后期，人民军队势如破竹，天下大势初定，国民党只剩下在西南的残余势力尚有一定战斗力。这时，中央决定让第二野战军担当解放大西南的重任。当时，刘邓大军经历淮海战役、渡江战役之后，部队特别需要休养，不少官兵对进军西南啃"硬骨头"颇有畏难情绪。

一些人还认为，解放战争以来二野总在攻坚一线，钻山沟、绕大道，尤其是千里挺进大别山，吃苦最多、休息最少，现在不应再担负这样艰巨的任务了。邓小平就此召集专门会议研究决定，在二野中开展加强国家观念与大局观念教育。1949年8月17日，邓小平在二野、三野团级以上干部扩大会议上指出："去西南是要多走一点路，苦一点，可这是党指定的光荣任务，为了取得全国胜利也得去，没有任何的犹疑。"经过一番思想动员和教育，部队中的不良情绪得到纠正。这为顺利执行中央关于解放大西南的决定奠定了思想基础。

对于团队的追随者，中国共产党更是强调组织动员的重要性。"最可宝贵的是人"，中国之所以能迅速地从"一穷二白"中崛起，就在于最大限度组织动员广大人民群众。

在中国共产党人的熏染下，这种"特别能战斗""特别能克难"的执行力也深入普通工人、农民的骨髓里。中华人民共和国成立后，河北唐山开滦"矿山铁汉"侯占友加班加点，不计报酬，经常自带干粮，吃住在井下，被人们誉为"地球转一圈，他转一圈半；地球转两圈，他上三年班"。钢铁工人王益元革新技术积极性高，自行研发创造了"全氧侧吹转炉炼钢法"等多项先进技术，成倍提高了劳动生产率。河北遵化山区农民在"土如珍珠水如油，漫山遍野大石头"的沙石峪开荒种地，硬是"万亩千担一亩田，青石板上创高产"。

无论是行军打仗，还是开荒种地、办厂兴业，中国共产党人都能在短时间内把构想变成现实，把蓝图落实到底，从速度、态度、力度上来看，他们始终是最有执行力的团队。

三、不争论，是为了争取时间干

暴风骤雨的革命，让中国在几十年间掀翻"三座大山"，整个国家的面貌发生天翻地覆的变化。

春风化雨的改革开放，则让中国社会和国人的生活在一天天的润物细无声中，有了脱胎换骨的进步。

改革开放40多年，并非一片坦途，而是同样历经险阻，考验重重。中国这个庞大的国家，却稳扎稳打、稳步前行，外部风波没有令其伤筋动骨，内部观点分歧不能让其在政策上反复"翻烧饼"，其中的战略智慧与政策智慧如果简单概括的话，就是——不争论的智慧。

万事开头难。对于刚刚告别"以阶级斗争为纲"的十年浩劫的中国而言，改革开放无异于扭转乾坤，从哪里入手？如何应对强大的阻力？如何在巨变中保持稳定？

如此复杂的问题，邓小平只给了三个字的回应：不争论。

他的解释是："不争论，是为了争取时间干。一争论就复杂了，把时间都争掉了，什么也干不成。不争论，大胆地试，大胆地闯。"

如果重读十一届三中全会公报，以后来人的眼光打量，我们可能会发现：那一辈改革者，对于中国的改革是胸有成竹的。他们之中，有的曾经在20世纪五六十年代的建设一线工作，业务精熟，理论精深；有的主政一方，更是曾结合本地实际推出过不少改革措施，只是因为环境突变不得不中止；还有的在十多年里一直"靠边站"，在干校牛棚中观察学习，认真思考，在与中国底层的现实触碰中加深理解。

对这些务实理性的改革家而言，争论不足以扰乱他们的思绪和案头的工作，过去浪费的时间需要赶紧追补回来，现在的时间何其宝贵，哪有空闲陷入无休止的理论争执与分歧。

当农村出现包产到户，一些地方大力推行"联产承包责任制"引发各种反对的时候，曾力促此事的时任安徽省委书记万里向中央请示，该怎么办？

邓小平回答简洁明了："不要争论，你就这么干下去就行了，就实事求是干下去。"

当年广久等个体户生意做大，把小作坊变成工厂时，"私营企业雇工是不是社会主义"成为不少人纠结的问题，这姓"资"还是姓"社"？算不算剥削？要不要管一管。

邓小平的回答大快人心："放一放……看一看……怕什么？伤害了社会主义吗？"

对于不少经历"以阶级斗争为纲"的人而言，思想转变何其艰难。但改革有必要等他们完成思想转变，一起上路吗？

没有必要。

邓小平的"不争论"其实就是一种统筹学：给锐意进取者吃定心丸，给态度消极保守者以观望逡巡的时间，结果就是改革者继续大步前行，不赞成和害怕改革的人可以熟悉新鲜事物，从改革成效里一点点改造自己的思维，从而最大限度减少改革阻力和内部各种层面的摩擦。

对这一种做法，邓小平将其精髓概括为：允许试，允许看，不强迫。

这种不激进、不催促、不强迫的做法，当然没有某些转轨经济国家搞的"休克疗法"那样情节刺激、跌宕起伏。有些人觉得中国共产党这套"摸着石头过河"小心翼翼的改革，不好看，不吸引人。然而，正是这种态度温和、坦然的"不争论"，为中国改革者赢得了最宝贵的时间、最难得的经验，动员和保护了最重要的人才资源。

这样改革是因为饱经风霜的那一代改革者缺乏个性、一味强调温和吗？当然不是。要知道，邓小平可是被毛泽东评价为"钢铁公司"的，一生三起三落，而且是上及云端、下抵尘埃的大起大落。革命年代指挥大军千里独行，"文化大革命"时期下放乡村云淡风轻，邓小平性格之坚定执着，党内罕有。

这样的人推进改革时积极谨慎，不愿争论，没别的原因，就是务实，实打实的务实。

当时，在建立特区问题上，中央层面希望有地区能先行先试，但在具体执行上举棋不定，意见并不一致。为了避免漫长的讨论，中央最终决定不选择上海这样的经济中心进行试验，而是到当时经济并不发达的地区试一试，失败了也不打紧。

可以说，这些老成谋国的改革者，可能从一开始，就用干革命的眼光在推改革开放，他们知道既然革命都没有现成的成功理论指引，改革就更不能幻想能像"千里江陵一日还"那样顺流而下、花团锦簇。

因此，他们在那场改革里并不要求全国上下处处步调一致，而是选择了允许试验、允许提意见建议、允许有不同看法的做法，于是中国企业的股份制改革、农村的包产到户、证券市场逐步建立等诸多改革措施，都经历了从蹒跚起步、小心尝试、归纳经验、汲取教训、深刻总结，再到逐步推广的复杂流程。

这些改革试验里，有的举措成果非凡，有的则深陷泥沼，但改错了，改回来就是；改好了，还要做进一步尝试。"不争论""摸着石头过河"，就是这么坦然面对，淡然处之。不知不觉间，这个大时代的改革者逐步走出政策模糊地带，改革蓝图日益清晰，14亿人的现代化逐步实现。

难能可贵的是，"不争论"的智慧绝不是要对保守、错误的认识毫无作为、放任自流，而是结合实践一步步攻破，从而让正确的认识、思想统领人们。这种论战不是为了辩论而辩论，而是为了让辩论有结果，辩论出共识。

深圳特区的发展成就，终结了一系列辩论：从1979—1983年关于"经济特区能否在社会主义国家设立"的论战，到1985—1986年关于深圳特区定位的论战，再到1988年"蛇口风波"引发的思想价值观念的激辩，还有后来深圳特区姓"社"姓"资"的争议，发展成就胜于雄辩，改革进程胜于雄辩，陈旧的思维理念在改革成就的"挤对"下再也没了市场，传统理论教条设置的"禁区、盲区"一个个被突破。"青山遮不住，毕竟东流去"，改革就是在一个个"不争论"中成了大家的共识。

不争论的智慧，更在于定好了路线就毫不迟疑，坚持一张蓝图绘到底，撸起袖子加油干。党的十八大以来，全面深化改革成为全党全国人民的共识，人们在习近平新时代中国特色社会主义思想指引下，开启了新的创业之路。进入新时代以来，中国共产党出台一系列重大方针政策，推出一系列重大举措，推进一系列重大工作，解决了许多长期想解决而没有解决的难题，办成了许多过去想办而没有办成的大事。"一带一路"、亚洲基础设施投资银行、丝路基金等重大倡议和项目短短几年之内从构想变成现实，取得显著成果，惠及诸多国家。

当然也要看到，时下的改革正遭遇各种形式的不作为、"中梗阻"，形式主义现象在基层时有发生，低效执行、机械执行、形式执行等各种执行不力的情况带来新的困扰。怎么办？

巧了，中国共产党专门叫板执行不力。

一张蓝图绘到底，万事从来贵有恒。"中华民族伟大复兴，绝不是轻轻松松、敲锣打鼓就能实现的。"习近平的这句话，清晰地告诉大家，要实现理想，就必须付出艰巨的努力：把工作贯彻落实到底，把目标分解到位、责任到人，每一件任务都严格按照路线图施工，每一个时间节点都确保进展无误，面对障碍要敢于逢山开路、遇河架桥，遇到"硬骨头"就能拿出滴水穿石、绳锯木断的韧劲，攻破新时代的"娄山关""腊子口"。

人们相信，中国共产党这个即将迎来百年华诞的创业团队，将始终保持强大的执行力，而且随着现代化中国的不断强大，他们的执行力也将进一步升级强化。

第九章

中国共产党为何能永葆青春，如何实现逆生长

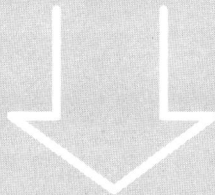

　　"一个成功得可怕的政党"——这是德国《明镜》周刊对中国共产党的评价。这是一句曾被广泛转引的评语。

　　成功，很多人都看到了。那么这种可怕是什么呢？

　　在于逆转时空的力量——历久弥坚，永葆青春活力。

　　不要忘记，到2021年，这个创业团队就将走过百年岁月。长寿并不稀奇，令人惊叹的是他的活力犹在。

　　中央组织部的党内统计数据显示，截至2019年年底，中国共产党党员总数为9191.4万名，比上年净增132.0万名，增幅为1.5%，产业工人、青年农民、高知识群体和非公有制经济组织、社会组织中发展党员数量增加明显。队伍年龄结构有所改善，40岁以下党员超过总数的三分之一。文化程度继续提高，大专及以上学历党员超过半数，达4661.5万名。

　　在经济全球化时代，人们曾担心，上了年纪的中国共产党会不会不再对年轻人有吸引力？新生代会不会在拜金主义、消费欲念中迷失方向，放弃老一辈的理想和信念？

　　事实打消了人们的忧虑。

成员年轻，才华横溢，是这个百年老党带给世人的不变的印象：在航天城的指挥中心，一批70后科研人员精彩亮相，带动中国"飞天""探月"；在汶川大地震中，一群80后志愿者冲锋在前，展示了年青一代的责任感；在北京奥运会的舞台上，一个个80后、90后运动员担当大梁，为国争光；在抗击新冠肺炎疫情的第一线，90后、00后党员正跃然奋起，成长为"逆行先锋"……这些年轻人"实事求是、朝气蓬勃"的时代气质，使得年轻化、知识化成为中国共产党党员结构变化的新亮点。

　　说到这里，大家可能更想追问一句，中国共产党为什么能越活越年轻？中国共产党为何能实现逆生长？

　　答案听起来似乎很简单：自我革新功能强大，擅长自我革命。

　　自我革新、自我革命是什么？

　　是毛泽东的提醒：务必使同志们继续地保持谦虚、谨慎、不骄、不躁的作风，务必使同志们继续地保持艰苦奋斗的作风。

　　是邓小平的总结：我们党经历过多次错误，但是我们每一次都依靠党而不是离开党纠正了自己的错误。

　　也是习近平的论断：勇于自我革命，是我们党最鲜明的品格，也是我们党最大的优势。

　　一代代中国共产党人经过不间断的实践证明了，自我革命的能力是我们党长盛不衰的重要原因所在。

　　自我革新、自我革命能力让中国共产党永葆青春活力，但要做到这一点绝不轻松。

择天下英才而用之，人尽其用，不断吸收"新鲜血液"，对年轻人始终有强大感召力，创业团队永远不缺创新人才。

严于律己，从严治党，坚决将与"为人民服务"的宗旨背道而驰的落后、堕落分子清除出党，永葆团队肌体健康。

重视学习，勤于学习，也善于学习，强调所有成员都与时俱进，始终坚持走在时代风口最前沿。

一、自我补给：不拘一格用人才

互联网上曾流传着一份1949年以前国民党政府高官学历的一览表，经过核实，确实是人才济济，名人辈出。不妨看一下：

翁文灏——比利时鲁文大学博士，曾任行政院长

王世杰——伦敦大学经济学学士、巴黎大学法学博士，曾任外交部长

胡适——哥伦比亚大学博士，曾任驻美大使

朱家骅——柏林大学博士，曾任教育部部长

谢冠生——巴黎大学法学博士，曾任司法行政部长

俞大维——哈佛大学博士，曾任交通部部长

谷正纲——毕业于柏林大学，曾任社会部部长

周诒春——耶鲁大学硕士，曾任卫生部部长

关吉玉——毕业于柏林大学，曾任蒙藏委员会委员长

王宠惠——耶鲁大学法学博士，曾任外交部部长、司法部部长

谢瀛洲——巴黎大学法学博士，曾任最高法院院长

蒋廷黻——哥伦比亚大学历史学博士，曾任行政院善后救济总署

署长

这份名单其实还能更长些，然而名单再长再光鲜，也逃避不了一个问题：这么多人才，而且很多人咖位这么大，为什么国民党还是败给了中国共产党？

用一个个细节来做个简单论证吧。

第一，中国共产党识人才：崇尚真才实学。

作为在山沟里建设马克思主义的创业团队，一身土气的中国共产党虽然麾下没有那么多社会名流，但论起人才质量，一点都不差。

因为他们一直崇尚的是真才实学，不计较门第出身和门第派系，也不看重资历和学历。毛泽东一向主张"卑贱者最聪明，高贵者最愚蠢"，对"高手在民间"这种现象相当认同，对那些来自社会底层，却通过自身努力而才华横溢的人才十分欣赏。田家英从未读过中学和大学，靠自己苦学才下笔成章，他在延安时只通过一篇文章就打动毛泽东，被调到毛泽东身边担任秘书服务多年。开国大将粟裕，从没有出国留过学，也没有上过军校，从士兵起步，却被毛泽东看重、倚重，成为世人敬仰的常胜将军。

革命经典电影《从奴隶到将军》更是形象描述了中国共产党的人才成长之路：年轻的奴隶娃子罗炳辉，一步步在革命熔炉中成长为指挥千军万马的将军。这绝非孤例，很多开国元勋和英雄人物，最初就是出身贫寒的放牛郎、小和尚、小木匠、小瓦匠、小长工，但他们在一线的战斗中被选拔出来，经过不断教育培养，逐渐成为栋梁之材。

"何代无贤？但患遗而不知耳"，天下岂无人才，缺的是识人的眼光。千里马常有，而伯乐不常有。然而，正是中国共产党始终独具的伯乐眼光，才将一批又一批立志改变中国的人才"聚成一团火"，彻底改变中国现代化的命运。

第二，中国共产党用人才：用人之长、人尽其才。

对于起步时就"没钱没资源"的中国共产党而言，人才资源的匮乏也曾长久困扰着党的发展。

因此，这个创业团队从很早就懂得"善用物者无弃物，善用人者无废人"的道理，把用人之才、人尽其才发挥到了极致。

比如，毛泽东很早就发现年轻的林彪的军事才能，尽管他在性格上有孤僻、倔强、冷漠等弱点，还曾经在一些问题上质疑过毛泽东，但仍被委以重任。为了用林彪之长，回避他的个性缺陷，毛泽东在选拔林彪负责东北地区作战的同时，又调来在政治思想工作方面经验丰富、功勋卓越的罗荣桓与林彪搭班子。两人合作相得益彰，联手取得了东北战场的全面胜利。而在历史上，像这样几乎完美的组合，还有刘伯承、邓小平的"刘邓"，陈毅、粟裕的"陈粟"，彭德怀、习仲勋等多组"最佳拍档"。

对于有才气的干部，中国共产党特别赞赏他们"毛遂自荐"。中华人民共和国成立初期，中央准备创办中国人民解放军军事学院，刘伯承毛遂自荐要承担创办军事学院的工作。毛泽东立即答复刘伯承的请缨，同意他一门心思创办军事学院。此后，刘伯承主持中国人民解放军军事学院工作长达七年之久，大力推进了人民解放军的正规化、现代化建设，培养了一大批中高级军事干部。

对于有才气的人，中国共产党不仅发现他们，重用他们，还善于进一步激发他们的潜能。其中，最富有传奇色彩的就是原对外贸易部长李强。李强很早就参加革命，白色恐怖时期他成为中央特科成员，是党的历史上第一台秘密收发报机的研制者。此后，他又到苏联继续学习无线电技术，论证了菱形天线的发射原理，被命名为"李强公式"，因此成为苏联著名的无线电专家。抗战时，他在延安担任军工局长并兼任自然科学院院长，带领技术人员研制出党的历史上第一支自造步枪——无名氏马步枪；解放战争时期，他又负责搭建短波电台，向全中国乃至世界发声。

到了中华人民共和国成立后，这位已经横跨军事、科研、无线电多个领域的人才，被毛泽东点将，"改行搞外贸好不好？"不久，李强被委任为外贸部副部长、驻苏联商务参赞，在承接苏联援华项目、对外打破西方国家禁运政策等方面做出突出贡献。他不仅是一位革命者，也是一名科学家，还是一位经济学家。在他身上，完全体现了中国共产党尊重人才、人尽其才的特点。

第三，中国共产党容人有度，但坚决对"团团伙伙"说"不"。

海纳百川，有容乃大。在选人用人上，中国共产党从一开始就对各种"新鲜血液"热情欢迎，毛泽东更是很早就向全党指出，"一个狭隘的小团体""一个自高自大的宗派主义"不是共产党人的做法。

他是这么说，也是这么做的。

在1938年年底党的六届六中全会上，毛泽东深刻总结批判了类似王明、张国焘这样打击排除异己，大搞宗派主义"任人唯亲"的做法，提出党的干部要搞五湖四海，反对帮派和小集团主义，坚持任人唯贤的干部路线。

但是另一方面，对于来自不同根据地的、不同方面军的、不同部门的以及不同工作区域的干部，他又在实际工作中注意平衡，以容人之量处理相互关系。

毛泽东常说在用人问题上反对山头主义，同时在实际的人事安排中，又要照顾到方方面面。比如，对于来自不同根据地的、不同方面军的、不同部门的以及不同工作区域的干部，在任用时他常常注意平衡，并强调要正确处理"外来干部和本地干部的关系，军队干部和地方干部的关系……老干部和新干部的关系"，还要"善于和非党干部共事"。能不能处理好这些关系，关键就在于是否从党的事业出发，有"容人之量"。比如，王明等犯过错误的一批高层领导，在"七大"上备受争议，很多人都不支持选他们为中央委员。可是，毛泽东却主动给代表们做工作，使王明等人再次被选上中央委员。

这种既反对山头主义，又能海纳百川的做法，不仅团结了党内同志，也吸引了李济深、张澜、黄炎培、傅作义等国民党人士和民主党派进步人士，促成了统一战线的胜利。

与毛泽东相比，这种"天下为公"的情怀，蒋介石就非常缺乏。

蒋介石起家靠的是黄埔军校，于是他在掌权后全力扶持以黄埔军校学生为主的中央军、黄埔系，处心积虑要消灭吞并各路杂牌军，即便是跟冯玉祥、张学良八拜结交、称兄道弟，背地里仍不断算计。

在用人方面，他还特别讲究同乡渊源，对浙江小老乡大力提携：陈诚、汤恩伯等人成为他的爱将，陈果夫、陈立夫为他打理国民党党务，"CC系"一时风头无两；戴笠、毛人凤等人更是把持特务系统。

在裙带关系上，蒋介石上也是各种放纵、默许，孔家、宋家在抗战期间大发国难财，在内战期间囤积居奇，均能逍遥法外。个中缘由，明眼人都懂。

正如毛泽东所说："我们民族的历史中从来就有两个对立的路线：一个是'任人唯贤'的路线，一个是'任人唯亲'的路线。前者是正派的路线，后者是不正派的路线。"当时的国民党任人唯亲，这个党自然就再也吸收不到新鲜血液，很快就暮气沉沉，党内纷争不断，丑闻迭出，令真正的人才无用武之地，一败再败，是历史必然。

与之相比，能够在紧要关头把握好"识人之智""用人之术"和"容人之量"的中国共产党，人才蓬勃而出、磅礴而来，又怎么会失去青春活力！

进入新时代，"把选人用人作为关键性、根本性问题来抓"，"党管干部""德才兼备"以及"五湖四海、任人唯贤"原则等中国共产党识人用人的优良传统不仅被保留下来，还得到了继承性创新。比如，习近平在坚持德才兼备这一好干部的总体要求基础上，提出了"好干部的标准又是具体的、历史的"重要论断；在坚持"以德为先"这一选人用人导向性原则基础上，明确了"突出政治标准"的根本性要求；在坚持"专业化"这一干部队伍建设基本方针基础上，提出了提高干部专业素养的时代性要求等。

二、反腐，在自我净化中提升

"我1985年就是延安地委书记。副部级以上都20多年了，正部级岗位上也十多年，没想到老了老了，放松了对自己的要求。"

这是白恩培落马后的一段忏悔。这位全国人民代表大会环境与资源保护委员会原副主任、正部级干部，在党的十八大之后的反腐风暴中，被揭开伪装、露出了与党和人民为敌的"真面目"。

白恩培是从革命老区延安走出去的干部，然而，他全然忘记了，在那个炮火连天的年代，尚未创业成功的中国共产党在延安是如何从严治党的。

肖玉璧，曾是反"围剿"斗争中的战斗英雄，身上留下80多处伤疤。在延安中央医院住院期间，毛泽东亲自去看望过他。然而，在后来的工作中，他总以功臣自居，在金钱诱惑面前蜕化变质，利用职务之便贪污受贿，克扣公款，甚至把根据地奇缺的粮、油偷偷倒卖给国民党军队。最终的结局是，1940年，肖玉璧被陕甘宁高等法院依法判处死刑。

肖玉璧对判决结果不服，给毛泽东写信求情。毛泽东看到信后对时任边区政府主席林伯渠说："你还记得我怎样对待黄克功吧？这次和那次一样，我完全拥护法院判决。"

反腐，并非是从延安才开始的。更早时的一些案例，就充分证明中国共产党有决心有能力自我净化。

谢步升，1930年加入中国共产党，担任叶坪村苏维埃政府主席。他利用职权贪污打土豪所得财物，偷盖苏维埃临时中央政府管理科公章，仿造通行证私自贩运物资到白区出售。此外，还为谋妇夺妻掠取钱财，秘密杀害干部和红军军医。

案件发生后，毛泽东力主严惩，他说："腐败不清除，苏维埃旗帜就打不下去，共产党就会失去威望和民心！与贪污腐化做斗争，是我们共产党人的天职，谁也阻挡不了！"1932年5月，经中华苏维埃共和国临时最高法庭判决，谢步升在江西瑞金伏法。

面对贪腐，中国共产党从来都是旗帜鲜明的。毛泽东发誓不做李自成，也不允许下属学刘宗敏。他说："谁要搞腐败那一套，我毛泽东就割谁的脑袋。我毛泽东若是腐败，人民就割我毛泽东的脑袋。"熟读中国历史的毛泽东深知，要想跳出历史周期律，要想在"赶考"中完成一份令人民满意的历史答卷，就必须过了拒腐防变一关。

说到做到！

中华人民共和国成立初期，毛泽东抓了一批大案要案，对刘青山、张子善等曾经的革命功臣，也丝毫不手软。毛泽东说："不三反，党要烂，国要亡，经济建设谈不上。"

改革开放后，针对腐败问题集中冒头的现象，邓小平发出严厉警示："中国要出问题，还是出在共产党内部。"他说，"腐败的事情，一抓就能抓到重要的案件，就是我们往往下不了手。这就会丧失人心，使人们以为我们在包庇腐败。这个关我们必须过，要兑现。是一就是一，是二就是二，该怎么处理就怎么处理，一定要取信于民。"在具体做法上，邓小平指出，必须"一手抓改革开放，一手抓惩治腐败"。他还强调：越是高级干部的子弟，越是高级干部，越是名人，他们的违法案件越要抓紧查处，抓住典型，效果也大。

曾经担任广东省海丰县县委书记的王仲是改革开放后第一个因贪污腐败被枪毙的县委书记。这位党的干部，从1979年下半年至1981年8月侵吞缉私物资、受贿索贿的总金额达6.9万元。这个金额在今天看来似乎不大，但置于改革开放初期的历史坐标上，这是一个触目惊心的数字。此案的处理，受到时任中央纪委第一书记陈云的极大关注，先后派出100多人次的工作组调查此案。

反腐可以毕其功于一役吗？不，中国共产党人从来不这样认为。相反，中国共产党深刻把握封建王朝的兴衰更替规律，认真总结苏共亡党的历史教训，一刻不敢忘记抓反腐、纠歪风的重任。

2012年11月15日，北京，人民大会堂。场内500多位中外记者，都把目光投向新当选的中共中央总书记习近平。在这次履新见面会上，习近平说了这么一段话："新形势下，我们党面临着许多严峻挑战，党内存在着许多亟待解决的问题。尤其是一些党员干部中发生的贪污腐败、脱离群众、形式主义、官僚主义等问题，必须下大气力解决。全党必须警醒起来。"

很快，习近平总书记这段就职宣言的深意，地球人全明白了。反腐，以前所未有的深度和广度在中国大地上铺开。

党中央反腐的决心前所未有。习近平总书记在多个重要场合都讲到反腐的必要性。

在2013年1月22日召开的第十八届中央纪律检查委员会第二次全体会议上，习近平总书记指出："腐败是社会毒瘤。如果任凭腐败问题愈演愈烈，最终必然亡党亡国。"

2015年6月26日，习近平总书记在中共中央政治局第二十四次集体学习时重申："开弓没有回头箭，反腐没有休止符。"

2017年10月25日，习近平总书记在十九届中共中央政治局常委同中外记者见面时指出："全面从严治党永远在路上，不能有任何喘口气、歇歇脚的念头。"

党中央反腐的力度前所未有。过去有人说，刑不上大夫。而周永康、薄熙来、徐才厚、郭伯雄、孙政才、令计划、苏荣等高级干部严重违纪违法案件的查办，都证明法治之下，没有免罪的"丹书铁券"，也没有"铁帽子王"。

周永康是改革开放以来被立案审查的党政职务最高的干部、首位中央政治局常委级别的国家领导人。他庭审时的画面令人感慨，只见他白发苍苍、皱纹纵横，声音低沉地说："我接受检方指控，基本事实清楚，我表示认罪悔罪；有关人员对我家人的贿赂，实际上是冲着我的权力来的，我应负主要责任；自己不断为私情而违法违纪，违法犯罪的事实是客观存在的，给党和国家造成了重大损失。"

早知今日，何必当初?!

党中央反腐的广度前所未有。在正风反腐过程中，党中央坚持"老虎""苍蝇"一起打，对潜逃国外的贪官也发出红色通缉令。看看这张反腐成绩单，你就明白了：

2012年到2017年5年时间内，共立案审查省军级以上党员干部及其他中管干部440人；纪律处分厅局级干部8900余人，处分县处级干部6.3万多人；处分基层党员干部27.8万人，追回外逃人员3453人，包括"百名红通人员"中的40多名。

在这些落马的党员干部中，有的人爱享受，在办公室中搞暗门藏套间；有的人爱金钱，钞票装满一面墙；有的人爱吃，敢吃鳄鱼的尾巴；有的人爱喝，天天要喝年份茅台酒才过瘾；有的人爱玩，不打高尔夫手痒痒。无论是什么形式的腐败，无论是什么级别的干部，莫伸手，伸手必被抓。

进入新时代，中国共产党的反腐工作没有停留在惩治几个贪官上，而是一步步扎紧了反腐制度的"笼子"。到目前为止，中国共产党党内法规已经形成了由《中国共产党廉洁自律准则》《关于新形势下党内政治生活的若干准则》《中国共产党巡视工作条例》《中国共产党纪律处分条例》《中国共产党问责条例》《中国共产党党内监督条例》等共同构成的一整套体系。

体系的建成，也意味着反腐进入常态化阶段。而常态化，并不是反腐的结束。

"习近平已着手重塑他所认为的党应有的样子，一个拥有理想与信念、高度自律的政党。"美国波士顿大学教授约瑟夫·菲尤史密斯在中共十八届六中全会后的这一判断，已经逐步变成现实。

三、全党大学习

近百年来，中国共产党为何能一步步由弱变强？为何能在28年内成就突飞猛进让中华民族站起来？为何能在70年内，带领14亿中国人稳步走向现代化？在东欧剧变、国际共产运动事业遭受重创之时，他为何仍能稳步前进？

这个复杂的问题，有个简单的答案："中国共产党人是马克思主义最聪慧的学生。"

翻译一下，就是说——中国共产党是个"学霸"，而且百年来一直是爱学习的"学霸"。

学霸的天赋不好借鉴，但学霸的学习习惯、学习方法可以一起了解下。

第一，从上到下都在学习。

在领导人中，毛泽东爱读书是出了名的，即便是在行军打仗最紧张的时刻，他也不忘读书学习。进入陕北后，形势逐渐稳定，毛泽东就通过各种渠道，从边区外购买各种书报，藏书逐渐丰富起来，还有专人负责管理。为了妥善保管，还搬进一个很深的窑洞。1947年，中央撤离延安，坛坛罐罐舍弃了不少，但毛泽东大部分的藏书，尤其是他反复阅读、题写批注的书，都历经辗转，最后搬进了北京。

周恩来也爱学习。他少年立志"为中华之崛起而读书"，学习也是其一生的追求。1943年3月5日正值他45岁生日，但他并未出席同事们准备的庆祝活动，而是关起门来在办公室写下一份《我的修养要则》，强调如何学习、怎样学习："加紧学习，抓住中心，宁精勿杂，宁专勿多"，必须"习作合一"，"要有发现和创造"，"向群众学习"。

中国共产党不光领导人爱好学习，这个创业团队从上到下都充满学习气质。红军刚上井冈山时期，成分复杂，农民、工人、知识分子和旧军官彼此之间格格不入，影响了战斗力。毛泽东这个时候主动站出来充任"教员"，经常深入一线给广大红军指战员做思想工作，带领红军战士学习调查，掌握思想武器，与错误思想做斗争，学习党的政策方针，从而教育了红军战士，让大家知道为谁当兵为谁打仗。为了帮助文化程度低的战士记忆，陈毅等高级将领还专门把游击战战术编成"顺口溜"："行迹飘忽，敌难追踪；死板不动，挨打最痛。胜利要诀，进攻进攻；保守主义，革命送终。"

第二，越是紧要时刻越要抓学习。

作为一个学习型政党，中国共产党在面对各种时局、形势的变化时，对于"本领恐慌"特别敏感，对解决各种"本领恐慌"问题积极又努力，无论是创业还是守业，中国共产党都没有放松过自身的学习。

革命战争时代，中国共产党通过各种形式的学习，学会了发动群众、武装斗争、游击战、运动战以及统一战线等各种胜利法宝，取得了巨大胜利。毛泽东在延安整风时专门向高级干部做了《改造我们的学习》的报告，要求干部们结合中国的实际学习。延安时期，为了鼓励干部学习，党中央还曾规定以马克思的生日5月5日为"干部学习节"，开国元帅朱德被评为第一届学习节的"模范学生"。

中华人民共和国成立前夕，党的工作逐步从农村转向城市，毛泽东适时提醒全体干部要注意"严重的经济建设任务摆在我们面前"，"我们必须学会自己不懂的东西"。针对不少干部面对进入城市、建设经济的"本领恐慌"，毛泽东充满自信："我们不但善于破坏一个旧世界，还将善于建设一个新世界。"因此，在解放战争天天前方战线拉锯、干部奇缺的紧要时刻，每当要解放一座城市时，当地的党组织就安排规模庞大的干部集中培训，学习城市常识和有关文件、纪律等，为接管城市做准备。上海解放前夕，为了确保接管工作顺利进行，华东区还着手抽调党员干部，组成编写组汇编了一本2万余字的小册子《城市常识》，指导渡江部队尽快适应城市生活，内容相当详细，甚至包括指导解放军战士如何开关电灯、使用电扇等。

中华人民共和国成立不久，毛泽东曾连续向从中央到地方各层级的领导发信，要求他们学习《苏联社会主义经济问题》（斯大林著），学习苏联政治经济学教材。他自己更是以身作则，组织胡绳、田家英等参加读书小组，采取边读书边讨论的方式加强学习。周恩来、刘少奇等领导人也纷纷组织了自己的学习小组，学习经济理论。

改革开放以后的中国共产党，更是将学习、与时俱进时刻放在案头。邓小平认为："实现四个现代化是一场深刻的伟大的革命"，"全党同志一定要善于学习，善于重新学习"。通过学习借鉴，中国共产党不仅学会了分析辨别哪些东西适合在中国改革开放中进行推广，还学会了创新创造，把西方发达国家的经验成果与中国实际相结合，再做出有中国特色的创新。例如，经济特区的思路就是学习借鉴境外的"加工贸易区"而来，但很快，深圳特区不断创新创造，把其他国家和地区的"加工贸易区"远远地甩在了后面。

进入新时代的中国共产党，学习本领被排在必须增强的"八大本领"之首。习近平在多个重要场合强调，中国共产党人依靠学习走到今天，也必然要依靠学习走向未来。

不断增强学习本领，可以说是中国共产党人永葆青春的生命密码。

第三，把学习机制化、常态化。

一个好学霸得是一个自觉学习的学霸。如果靠人催促，肯定不行。

中国共产党很早就认识到这个问题，党员人数不断增加，思想日益复杂，单靠领导人的影响带动学习不行，靠运动式推进学习也不行，必须机制化、常态化。

毛泽东的办法特别简单——把全党办成一所大学校！

抗日战争时期，延安之所以成为革命圣地，就与中国共产党的教育办得好、学习搞得好有很大关系。当时，中国共产党在延安创建了抗日军政大学、陕北工学院、鲁迅文化艺术学校等。人们不仅能从这些学校学到理论知识，还确立了重视学习的理念，养成了善于学习的习惯，党则迅速为革命和建设培养及储备了一批德才兼备的人才。

学校好，师资力量更强大得逆天！

作为绝无仅有的革命教员，毛泽东不仅在物质和人才方面关心这些学校，还亲自到学校指导、任课、演讲，甚至参与学校培养目标、课程内容的制定。他本人作为资深教师，还专门编写教材，《实践论》《矛盾论》就是他在抗日军政大学给学员讲授哲学课时使用的《辩证法唯物论》提纲中的一部分。与此同时，张闻天、朱德等党政军领导人以及八路军的高级指挥员，都曾是延安讲堂里备受欢迎的优秀教师。为了适应实战需要，抗大当时专门成立军事研究室，及时收集和整理最新的战例和战法，还组织教员下部队代职，体验部队生活，亲自参加战斗，不断总结经验，把从课堂上学到的东西融入实践，逐步培养出一批熟悉平原游击战术的军事将领。

今天的中国共产党，组织各级领导干部学习已经是一项重要的制度安排。低层级的干部要不断参加培训学习，不少高级干部不仅自己要在学习方面做表率，还要亲力亲为，为下级授课解惑，就是中央政治局常委也经常组织集体学习。另一方面，中央和地方基本都已建立起完备的干部集训院校，尤其是针对一些特殊时期的重要任务和思想理论学习工作，这些院校会进行针对性的培训。除了理论学习培训，各种形式的调研学习也是今天的中国共产党员的重要课程，到先进地区学习经验，到落后地区探究问题，到基层一线接一接地气。有国外观察家认为，中国共产党庞大的党员人数，以及培训学习的覆盖范围、频繁程度，在人类历史上也极少有这样浩大、持久的学习工程，"这些培养共产党干部的摇篮，构成共产党人力量的源泉"。

非学无以立党兴党，非学无法立足世界。

1938年10月，毛泽东向全党发出"来一个全党的学习竞赛"的号召。

在依靠学习兴起、成长、创业、壮大之后，习近平总书记在2017年也发出一项号召：全党来一个大学习！

向谁学习？依然是向历史学习，向世界学习，向人民学习。依靠学习，走向未来。时不我待，只争朝夕。

第十章

不忘初心，这四个字的分量为何那么重

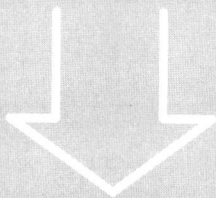

是什么成就了中国共产党的伟大？

是业绩？是纪律？是伟人情怀？是人才济济？

都不是。答案在"人民的苹果"里。

1948年秋，锦州。辽沈战役烽烟正盛，不少解放军战士驻守锦州周边，由于连续作战，指战员们大都疲惫不堪。锦州盛产苹果，当时又正好是丰收季节，因此不少战士借宿在果农家，睡在苹果堆旁边；还有部队把大炮架在果园里，一些部队指挥所的天线就支在果树上。然而，从始到终，没有一个战士拿老百姓的苹果吃。

毛泽东被这件事感动了，他在八年后的八届二中全会上仍念念不忘："我看了那个消息很感动。在这个问题上，战士们自觉地认为：不吃是很高尚的，而吃了是很卑鄙的，因为这是人民的苹果。"

"我们这个队伍完全是为着解放人民的，是彻底地为人民利益工作的。"毛泽东这样解释中国共产党的"初心"。

这份"初心"，让中国共产党拥有克敌制胜的独特"算法"：没有民众支持，"神马"实力都是浮云；虽然是小米加步枪，但有人民群众支持，就能彻底胜利。

这种"算法"在一个个战场上获得了检验。最有说服力的是淮海战场，"60万人民解放军+543万支前民工"打败了"全美械装备+飞机+大炮+美国人支持"的80万国民党军队。

这场民心的决战之后，胜局已定。

中国共产党的胜利，是中国人民的胜利。

一、初心是什么

让我们把时针拨回到1845年的英国曼彻斯特，切塔姆图书馆。

一张长方形橡木书桌前，有两个不到30岁的年轻人正在伏案写作。他们正在写的，是一本名叫《共产党宣言》的小册子。两位年轻人的名字后来如雷贯耳：马克思和恩格斯。

小册子里写道：现在是共产党人向全世界公开说明自己的观点、自己的目的、自己的意图并且拿党自己的宣言来反驳关于共产主义幽灵的神话的时候了。

共产党人的初心是什么？马克思、恩格斯的这本小册子写得明白：无产阶级的运动是绝大多数人的，为绝大多数人谋利益的独立的运动。

70多年后，一位中国人读到了其中的内容，逐渐确立起共产主义信仰。这位中国人，就是毛泽东。他回忆说："我一旦接受马克思主义是对历史的正确解释以后，我对马克思主义的信仰就没有动摇过。"

从未动摇过共产主义信仰的还有亿万中国共产党人。在中国，中国共产党称得上《共产党宣言》精神的忠实传人、《共产党宣言》的头号粉丝。

1921年，在浙江嘉兴南湖的红船上，中国共产党应运而生。中国共产党的诞生，没有别的目的，就一条：为了人民。这在中共"一大"纲领中有非常明确的表述："革命军队必须与无产阶级一起推翻资产阶级的政权，必须支援工人阶级，直到社会的阶级区分消除为止。"

　　建党近百年后，习近平总书记的表述与之一脉相承、遥相呼应："中国共产党人的初心和使命，就是为中国人民谋幸福，为中华民族谋复兴。"

　　中国共产党为人民而生。

　　"我俩是世界上最幸福的人！为了救可爱的中国，为了美好的明天，我俩甘愿赴汤蹈火在所不惜！"

　　你能想象吗？上面这段誓词出自两位中国共产党员的婚礼，新郎是方志敏。

　　方志敏是中国共产党早期领导人之一，1924年由共青团转入中国共产党，曾创建赣东北和闽浙赣革命根据地，领导组建中国工农红军第十军。1935年1月，方志敏带领部队突围时，在江西玉山陇首村被俘。被捕那天，两个国民党士兵搜遍方志敏全身，除了一块怀表和一支钢笔，没有一文钱。

　　对于被捕的共产党人，国民党都会"许高官""赠金条"。对"清贫"的方志敏，他们自然也不放弃"策反"工作。然而，面对敌人的威逼利诱，方志敏丝毫不为所动，深信自己的牺牲能够换来人民美好的明天。他在《可爱的中国》中憧憬："到那时，到处都是活跃的创造，到处都是日新月异的进步，欢歌将代替了悲叹，笑脸将代替了哭脸，富裕将代替了贫穷，康健将代替了疾苦，智慧将代替了愚昧，友爱将代替了仇杀，生之快乐将代替了死之悲哀，明媚的花园，将代替了凄凉的荒地！"

为人民而生！方志敏、彭湃、夏明翰……这些我们年少时在书上读到过的革命先辈，用自己的热血与头颅，践行着中国共产党的使命。正如1941年11月6日毛泽东《在陕甘宁边区参议会的演说》中说的那样："共产党是为民族、为人民谋利益的政党，它本身绝无私利可图。"

这一点，同样体现在《中国共产党章程》中。党的"七大"，首次把全心全意为人民服务作为党的优良作风写进党章总纲和党员应尽的义务中，并把"为人民服务"提到了"党的唯一宗旨"的高度。在北京中南海的新华门内，五个金色大字"为人民服务"永不褪色。

中国共产党从人民中来。

中共"一大"纲领中提到的"劳动阶级"，不是指别的什么人，而是半殖民地半封建社会下的每一位劳苦大众，是被"三座大山"压得无法喘气的每一个"你我他"。是这些人，从人民中走出来，组建了中国共产党这一创业团队。

创业团队中的核心人物，很多是农民出身。毛泽东是农民，彭德怀是农民，习仲勋也是农民。

彭德怀1898年出生于湖南湘潭的一个贫苦的农民家庭，有茅屋数间，荒土山地八九亩。起先，这个八口之家的生活尚可维持。不料在他

8岁时，母亲病故，父亲患病，家庭日渐贫困，只好卖地，最后只留下不到3分田。在他10岁时，一切生计全断，正月初一无米下锅。为了生计，年幼的彭德怀当过叫花子、当过童工。十几岁的少年，就由于劳累过度，背几乎被压弯。而黑心煤窑主只给干了一年多的彭德怀发放了4升米。

对于这段经历，彭德怀十分珍视。他在《彭德怀自述》一书中说："我常常回忆到幼年的遭遇，鞭策自己不要腐化，不要忘记贫苦人民的生活。"

习仲勋也是农民的孩子。1913年10月15日，他出生在陕西富平县城西南10余公里外的习家庄。习家庄并不是他的祖籍，他的爷爷习永盛是在举家逃荒路上，落户在了那里。从学生时代开始，小小年纪的习仲勋就投入了革命斗争中。他13岁入团，因为参加革命活动，一度被捕入狱。在狱中，不满15岁的习仲勋加入了中国共产党。

出狱后，父亲说的一番话，让习仲勋深有触动，以至于后来他感慨地说，一位农民讲出这样的话语很是了不起。是怎样的一番话语，滋养了一位优秀的共产党员呢？父亲对他说："你还小呢，等你长大了再当共产党的代表，为广大穷人办事就好了。"

为穷苦的老百姓做事，恰恰也是在改变自己的命运，告别压迫、告别苦难，在新中国的红旗下当家做主人。

中国共产党依靠人民走到今天。

"水能载舟，亦能覆舟"，唐太宗李世民所称许的这句治国理政之道，中国共产党学得最好、用得最好。

为了人民，依靠人民，是中国共产党诞生伊始就定好的调子。到了解放战争期间，中国共产党已经得到了中国社会最广泛的民心支持和民力资源，除了工人、农民这些胜负天平最重要的砝码，还包括工商业者、中小资本家、自由职业者、开明绅士、小公务员等。这种不同寻常的现象，曾令宋子文哀叹"资本家都拥护共产党，真是天下奇闻"。

与之相比，国民党政府则陷入孤立。陈立夫在1946年就提醒国民党政府："党无社会基础，既不代表农民，亦不代表工人，又不代表正常之工商，甚至不代表全体官吏，而只代表少数人之利益。""四个不代表"直陈国民党痛处，然而"只代表少数人之利益"的蒋介石依然我行我素，民心如此，战局结果已无须判断。

淮海战役纪念馆里，一根1.2米长的小竹竿，被列为国家一级文物。有人会问，小竹竿有什么稀罕？竹林里到处都有啊。竹林里的竹竿再多，都只是作为植物属性的竹竿。这根竹竿与众不同，它跟记载甲骨文的甲骨一样，记载着一段血与汗的历史。

竹竿来自特等支前功臣唐和恩。

1948年秋，正在家乡山东莱阳县陶障区参加秋收的农民唐和恩，得知村里要组织支前队给淮海战役前线运送军粮，撂下镰刀直奔村委会请战。带领小车队出发前，他随手带上一根竹竿，用匕首刻下"陶障"二字。后来，每到一地，他就在竹竿上刻下地名。战役结束，小竹竿上刻满了苏鲁皖三省88个地方的名字，把这些地名连接起来，就形成长达几千公里的人民支前路线图。

小竹竿记录着淮海战役的奇迹，也昭示着人民的力量。据悉，整个淮海战役，共出动民工543万人，各种运输车88万辆，筹运粮食9.6亿斤。难怪陈毅元帅说"淮海战役的胜利，是人民群众用小车推出来的"。毛泽东更是题词称赞淮海战役是"人民的胜利"。

实践证明，人民，只有人民，是创造世界历史的动力，是中国共产党最值得依靠的力量。

不忘初心，常忆来处。在不同历史时期，中国共产党面临的任务不同，无论形势如何变化，中国共产党为了人民的初心始终不改。

二、创业最核心的秘籍：不忘初心

不忘初心，方得始终。这是中国共产党创业秘笈中最核心的部分。

为众生谋幸福，国民党也提过。

"我们革命的目的，是为众生谋幸福，因不愿极少数满洲人专利，故要民族革命；不愿君主一人专利，故要政治革命；不愿少数富人专利，故要社会革命。"

孙中山的这段话，如果掩去作者，你会不会当作某一位共产党人说的？事实上，在革命早期，国共两党的主张极其相似。毛泽东在《新民主主义论》中就说："我们共产党人承认'三民主义为抗日民族统一战线的政治基础'，承认'三民主义为中国今日之必需，本党愿为其彻底实现而奋斗'。"

然而，国民党走着走着，就忘掉了自己的初心。"在政治上，在文化上，腰斩了孙中山的三大政策，腰斩了他的新三民主义，造成了中华民族的深重的灾难。"

离人民越远，就离失败越近。相反，不忘初心，牢记使命，才能得到人民的拥戴和支持。

1927年在汉口举行的"八七会议"上，中国共产党确定了土地革命和武装斗争的方针。武装斗争，没有人民的参与是不行的。但动员人民群众加入革命队伍，必须解决最基本的吃饭问题。

"手中有粮，心里不慌。"有粮得先有地。当时的农民，哪儿来的地？没有，土地基本上都在地主手里。以中央苏区为例，土地革命前兴国第十区占人口总数1%的地主占有40%的土地，占人口数60%的贫农仅占5%的土地，而雇农、手工工人和小商人都是无地户。"打土豪、分田地"说到了农民心坎上。经过这一场革命运动，苏区基本实现了1929年红军第四军司令部布告中所说的"地主田地，农民收种，债不要还，租不要送"。

十一届三中全会之后逐步推开的改革，也始于农村、农民。

当时的安徽凤阳小岗村"偷偷"实行分田到户的"大包干"，即便是第二年就获得了大丰收，也仍然挡不住潮水般的争议声。是继续沿用旧制度、对农民饿肚子的状况视而不见，还是放手改革、背水一战？邓小平一锤定音。

1980年5月31日，邓小平在同中央负责工作人员谈话时，肯定了安徽农村改革。邓小平指出，农村政策放宽以后，一些适宜搞包产到户的地方搞了包产到户，效果很好，变化很快。总的来说，现在农村工作中的主要问题还是思想不够解放。所以，政策放宽以后，还有很多工作要做。随后1982年1月1日，中国共产党历史上第一个关于农村工作的"一号文件"正式出台，明确指出包产到户、包干到户都是社会主义集体经济的生产责任制。

得益于这项改革，很多农民摘掉了贫困的帽子。

革命年代，视死如归是不忘初心。

开国大典那天，站在天安门城楼上的邓小平，看着眼前的战旗和征尘未脱的战士的脸，感慨万千，当天挥笔题词："永远铭记着：在过去长期艰难的岁月里，人民英雄们用了自己的鲜血，才换得了今天的胜利。"

中国民主革命以来，为中国革命和建设事业献出宝贵生命的烈士有2000多万名，有名有姓列入烈士英名录的有196万多名。他们大多数是共产党员，大多数离世时风华正茂，大多数没有留下姓名。但他们面对死亡时，都做到了视死如归。

受尽酷刑的共产党员赵一曼，在临刑前给孩子写了封信，信中说："亲爱的我的可怜的孩子，母亲的死不足惜，可怜的是我的孩子。母亲死后，我的孩子要替代母亲继续斗争。"

自己视死如归，还要让后辈继承遗志；分明是一个母亲，却变成钢铁之躯，中国共产党人不为别的，只有一个目标：为人民。

建设时期，甘于奉献也是不忘初心。

没有硝烟战火了，不用抛头颅洒热血了，中国共产党人是不是就忘了初心？答案当然是否定的。和平建设时期，要实现中华民族的伟大复兴，更需要一代又一代中国共产党人甘于奉献，为人民群众过上更美好的生活艰苦奋斗。

2003年年初，"非典"疫情笼罩中国。坚守一线的广东省中医院护士长、共产党员叶欣，从没有拒绝过一个病人，还像平时那样，哪里有需要、有危险，就扑向哪里。因为照顾已经患病的病人，自己身染病毒。当她病重至说不出话时，考虑的不是自己，而是用笔吃力地写下："不要靠近我，会传染……"

　　长江流域特大洪水、南方冰雪灾害、汶川大地震、玉树地震、新冠肺炎疫情……每当国家和人民处于危难关头，总有共产党人挺身而出，冲锋在前。

　　县委书记的好榜样焦裕禄，身患肝病仍然为兰考治沙奔走，心里装着全体人员，唯独没有他自己；西藏阿里地委书记孔繁森，一心为民，在考察工作返回的路上，因车祸殉职，献身雪域高原；河南省登封市公安局局长任长霞，人称"女神警"，连陪儿子的时间都很少有，牺牲在办案的路上；老书记杨善洲婉拒安逸的退休生活，将最后一点精力注入生态事业。

　　……

　　网友有句话说得好：哪有什么岁月静好，不过是有人在替你负重前行。这个重任，中国共产党当仁不让。

　　"一切向前走，都不能忘记走过的路；走得再远、走到再光辉的未来，也不能忘记走过的过去，不能忘记为什么出发。"习近平的这番话，既是对全体共产党员的提醒，也是对全体共产党员的要求。

　　这种提醒是有必要的。在每一个历史时期，党内都会出现那么一小撮丧失信仰、忘记初心的败类。革命时期，有顾顺章等人；中华人民共和国成立初期，有刘青山、张子善等；改革开放之后，有陈希同、成克杰等；党的十八大以来，有周永康、徐才厚等。

对于忘乎所以、把人民抛诸脑后的人，中国共产党从来不会手软。不管是谁，职位多高，一旦站在人民的对立面，就难逃法网。党的十八大以来，党中央坚持"老虎""苍蝇"一起打，坚决铲除政治腐败和经济腐败相互交织的利益集团，严肃查处周永康、薄熙来、郭伯雄、徐才厚、孙政才、令计划等严重违纪违法案件。

不忘初心，中国共产党一直在自省。

国歌为什么选择《义勇军进行曲》？最初讨论国歌时，有不同的声音。有人认为，中华人民共和国马上要成立了，歌词中还有"中华民族到了最危险的时候"这样的句子，有点过时。周恩来则认为，还是保留原歌词好，只有这样才能激励斗志，一旦修改，就不会有那种感情了。留下原词，可以起到警世的作用，时刻提醒我们，尽管现在中华人民共和国成立了，但今后还有很长的路要走，还要居安思危！最后毛泽东拍板，将《义勇军进行曲》定为代国歌。

时至今日，国歌每每响起，总有一种热血涌上心头。

不忘初心，中国共产党一直在践行。

2017年10月31日，党的十九大胜利闭幕仅一周，新一届中央政治局常委在习近平的带领下从北京乘专机来到上海和浙江嘉兴，瞻仰上海中共"一大"会址和浙江嘉兴南湖红船，回顾建党历史，重温入党誓词。

在中国共产党的诞生地，习近平向全党发出号召：事业发展永无止境，共产党人的初心永远不能改变。唯有不忘初心，方可告慰历史、告慰先辈，方可赢得民心、赢得时代，方可善作善成、一往无前。

不忘初心，重在行动，贵在行动。中华人民共和国成立以来，中国共产党史上有三件大事不能不提：一是1956年完成的对农业、手工业和资本主义工商业的社会主义改造；二是肇始于1978年春天的改革开放，三是2014年启动的全面深化改革。

改造—改革—全面深化改革，这些词语背后，是中国惊天动地的巨变，是中国共产党对人民承诺的兑现。

1952年的中国什么样？家底极其薄弱：抗战前旧中国现代工业约占全国工农业总产值的10%，农业和手工业约占90%。数据相当难看：在国民收入的构成上，个体经济占到71.8%，国有经济只有19.1%。这样孱弱的基础、这样的经济结构，在当时的领导者看来，远远称不上"社会主义"。

现实的景象恐怕更令玩转智能技术的当代年轻人感到震惊。毛泽东在1954年曾对当时中国的工业水平有一段痛心的描述："现在我们能造什么？能造桌子椅子，能造茶碗茶壶，能种粮食，还能磨面粉，还能造纸，但是，一辆汽车、一架飞机、一辆坦克、一辆拖拉机都不能造。"

变革势在必行。1953年，毛泽东正式提出党在过渡时期的总路

不坚持社会主义，不改革
开放，不发展经济，不改善人
民生活，只能是死路一条。

线，他说："党在过渡时期的总路线和总任务，就是要在10年到15年或者更多一些时间内，基本上完成国家工业化和对农业、手工业、资本主义工商业的社会主义改造。这条总路线是照耀我们各项工作的灯塔。不要脱离这条总路线，脱离了就要发生'左'倾或右倾的错误。"

经过三大改造，中国经济成分发生了质的变化。在国民经济中，全民所有制和劳动群众集体所有制这两种形式的社会主义公有制经济，已居于绝对统治地位。从国民收入的结构看，1956年同1952年相比，国营经济的比重由19.1%上升到32.2%，合作社经济由1.5%上升到53.4%，公私合营经济由0.7%上升到7.3%，个体经济由71.8%下降到7.1%，资本主义经济由6.9%下降到接近于零，前三种经济已达92.9%。

在三大改造的推动下，新中国快速完成"跑步进入社会主义"的目标。尽管从后来看，改造的整个过程比较急促，也存在一些缺点和偏差，但总体上绝不能抹杀其历史功绩：解放生产力，为我国社会主义现代化奠定了坚实的物质基础，中国人民也由此开上了自己生产的拖拉机、汽车。

1978年，是值得所有中国人深刻铭记的年份。尽管这之前"四人帮"已被粉碎，但思想认识上的桎梏还牢牢地束缚着很多中国共产党人。

"什么叫社会主义？它比资本主义好在哪里？每个人平均六百几十斤粮食，好多人饭都不够吃，28年只搞了2300万吨钢，能叫社会主义优越性吗？"第三次复出的邓小平，为中国的前途深深担忧。1978年9月，在视察东北三省期间，他曾动情地说："外国人议论中国人究竟能够忍耐多久，我们要注意这句话。我们要想一想，我们给人民究竟做了多少事情呢？""我们太穷了，太落后了，老实说对不起人民。"

"穷社会主义"绝不是中国共产党人想要的。变化始于1978年12月，党的十一届三中全会的召开，标志着中国进入改革开放时期。

2018年，我们隆重庆祝改革开放40周年时，对这场中国的伟大变革给予极高赞誉，因为它不仅是经济体制的调整，更真真切切地改变着每一位普通人。

入选100名改革开放杰出贡献表彰对象的农民工代表胡小燕，是改革开放的获益者之一。"走，打工去！"1998年，24岁的胡小燕为了还债南下广东闯荡。为了赚钱，她最初每天工作近20小时，脚上磨出水泡扎破后第二天继续干。天道酬勤，她不仅很快还清了债务，还在城市落了户。伴随着改革开放的持续推进，她的人生完成一次又一次的转变，身份由农家女、打工妹，成为广东省佛山市三水区总工会副主席。

改革开放的春风，吹遍中国大地，吹进了每一个中国人心里。经过几十年的艰苦奋斗，国有企业实力倍增，民营企业家陆续涌现，人民的日子越过越红火，获得感越来越强。2017年，我国国内生产总值按不变价计算比1978年增长33.5倍，年均增长9.5%，平均每8年翻一番，远高于同期世界经济2.9%左右的年均增速，在全球主要经济体中名列前茅。2017年，我国国内生产总值（GDP）首次站上80万亿元的历史新阶段，人均国内生产总值59660元，扣除价格因素，比1978年增长22.8倍，年均实际增长8.5%。2019年，我国国内生产总值990865亿元，距离100万亿元大关仅一步之遥。

"要以庆祝改革开放40周年为契机，逢山开路，遇水架桥，将改革进行到底。"中国的掌舵者习近平，为什么要在这个时刻强调"将改革进行到底"？中国共产党人为什么要进行全面深化改革？

还是那句话：为了人民，不忘初心。

2017年10月18日，中国共产党第十九次全国代表大会在北京开幕，习近平在大会报告中提出一个重要论断：中国特色社会主义进入新时代，我国社会主要矛盾已经转化为人民日益增长的美好生活需要和不平衡不充分的发展之间的矛盾。

主要矛盾的转化，决定着中国全面深化改革的方向：从主要解决发展"总量不够"问题，要过渡到主要解决"质量不优"问题。

事实上，全面深化改革的方案从2013年就发布了：十八届三中全会通过《中共中央关于全面深化改革若干重大问题的决定》。这些年来中国大地的种种变化，无一不在证明，全面深化改革这盘大棋局，在为谁落子。

2013年11月3日，习近平总书记到湖南省湘西土家族苗族自治州花垣县双龙镇十八洞村视察。在这里，他首次提出"精准扶贫"。通过精准扶贫，湖南十八洞村的光棍娶上媳妇了，全村人均纯收入也从2013

年的1668元增长到2016年的8313元，实现集体脱贫。不仅是十八洞村，过去这些年，中国每年的减贫规模都在1000万人以上。

小厕所，大民生。全国各地坚持不懈推进"厕所革命"，努力补齐影响群众生活品质的短板。通过厕所革命，景区、农村的厕所变美了。小康不小康，厕所算一桩。厕所革命推开后，截至2017年，全国共新建改扩建旅游厕所6.8万座，农村卫生厕所普及率从2012年的71.7％提高到2016年的80.4％。这场"小角落里的大革命"不仅受到了当地老百姓欢迎，还赢得了国际社会的点赞。

不只是这些，全面深化改革实施以来，"小事"不断，都与人民息息相关，比如网速快了、费用降了，比如不用再为奇葩证明跑腿了，比如不出家门就可以更便捷海淘"买全球"了，等等。

"改革开放40年的实践启示我们：为中国人民谋幸福，为中华民族谋复兴，是中国共产党人的初心和使命，也是改革开放的初心和使命。"进入新时代，中国共产党人的初心和使命仍在于此，不会有丝毫改变。

正如2019年3月习近平总书记在出访时回答意大利众议长菲科的提问时所说："（中国）这么大一个国家，责任非常重、工作非常艰巨。我将无我，不负人民。我愿意做到一个'无我'的状态，为中国的发展奉献自己。"

"我将无我，不负人民"，一语道破了中国共产党人的宗旨：为人民服务。毛泽东曾用"无非一念救苍生"，展现共产党人干革命那种

"牺牲自我、服务人民"的精神；而党章更有明确规定："我们党除了工人阶级和最广大人民群众的利益，没有自己特殊的利益。"可以说，习近平总书记等共产党人的"无我"不仅仅体现为心中无私，更体现在"心中有民"，时刻不忘初心、砥砺前行。

三、艰苦奋斗再创业

2018年2月23日，春节后的第一个工作日，《人民日报》在头版刊发了署名"宣言"的重磅文章《艰苦奋斗再创业》。文章指出，中国共产党是中国近代以来最伟大的创业团队，中国共产党的光辉历程"就是一部开天辟地的创业史、从未停歇不断再创业的奋斗史"。

这份中国共产党的新年开工"宣言"，号召人们"永葆革命精神和革命斗志，艰苦奋斗再创业"。这份再创业的"宣言"值得每一个人好好读一读。

世上从不乏创业者，不少人从讲故事、聊资源、找项目，开始创业之路，偏偏中国共产党的创业从讲马克思、谈列宁开始，到现在再创业依然强调的是"永葆革命精神和革命斗志"。再创业，对于一个已经成功的创业团队意味着什么？

"道也者，不可须臾离也，可离非道也。"在中国共产党人眼里，永葆革命精神和斗志，艰苦奋斗再创业，就是坚守的初心和使命之"道"。离"道"分毫，便会带来巨大风险，让拥有9000多万名党员的中国共产党沦为"泥足巨人"，无力前行。

创业难，守成更难。中国共产党再劳苦功高，也不能躺在功劳簿上，靠"守业"来维持事业。再创业，就不能忘记创业的进取心。

中国的数千年历史中，不断有王朝兴盛灭亡，但大抵都是同一种循环：事业初起时意气风发、人人踊跃，江山稳定后笃志守成，墨守成规、碌碌无为，最终在各种内外因素下冰消瓦解。勃兴与衰亡，总在不断循环。

支配这种循环反复出现的是两种心态：创业心态和守业心态。

前者让创业者背负使命，承载压力，直面危机，从而对战斗有热情，在艰难中奋进，在牺牲中斗志昂扬，无畏讥诮，打破常规，勇猛精进、敢闯敢试，干出惊人的事业。

后者则让创业者蜕变成看摊守业者，看似一身轻松实则身心俱疲，对己对人皆疏于约束，被动应付、敷衍塞责，遇见问题就躲，看到利益则争，在懈怠与内耗中将事业坐吃山空。

"自古国家未有不以勤而兴以怠而衰者，天命去留，人心向背，皆决于是。"当一天和尚撞一天钟，甚至只当和尚不撞钟的看摊守业者，显然不是中国共产党对自己的人物设定。他们对"天命去留、人心向背"看得很明白。

当开国大典在革命盛装与民众欢歌中宣告新中国诞生时，毛泽东很冷静，"这只是万里长征走完了第一步"。在他的号召下，革命的创业者迅速转身变为建设战线的创业者，仅仅经过30年激情澎湃的奋斗，中国就有了原子弹、氢弹、核潜艇，有了卫星，现代工业化体系全都配齐，共和国有了工业"脊梁"。

2012年，在十八届中央政治局常委同中外记者见面时，习近平更是明确表示，接过历史的接力棒，我们自豪而不自满，绝不会躺在过去的功劳簿上。从一定意义上说，中国共产党人的词典里没有"歇一歇、松一松"的说法，这就是一个"奋斗团队""上行团队"，环境可以变，问题可以变，对手可以变，但奋斗、前行的主题不变，团队的奋斗进取之心不可变。

创业难，守成更难。创业加守业，是难上加难。中国共产党最爱和困难险阻叫板，最不怕的就是苦难多。再创业，就是要重振必胜信心，铸造苦难辉煌。

创业艰难百战多。创业是一条不断战胜困难的路，创业是一条不断挑战新问题的路，中国共产党的创业之路更是布满了艰难险阻。

然而，回顾中国共产党的历史就会发现，困难无非如此，最大的困难往往就是缺乏必胜信心。很多关键时刻，一些人离开革命队伍，虽然当时确实存在困难，令这个创业团队步履蹒跚，但并不是困难无穷大、无力回天，而是一些人克服困难的决心不够。他们最终败给了自己的内心。

吃红米饭、喝南瓜汤，能在井冈山坚持下去吗？难，真的很难，但"星星之火，可以燎原"！

日寇强悍，华北危急！中华民族危急！如何抗战胜利？毛泽东在《论持久战》中说：兵民是胜利之本！

小米加步枪，能打过蒋介石的全美械装备？"小车把革命推过了长江！"

新中国一穷二白，人们的生活能改天换地吗？过程是很困难，但"一颗红心两只手，自力更生样样有"！

载人航天技术高端复杂，中国能成功吗？探索过程真的很艰难，但中国航天人通过实干证明了"一次做好、次次做好、追求更好"的底气！

再创业历程面对的风险困难绝不会比创业阶段少，它需要内心强大的创业者。

再创业还意味着创业者要告别相对舒适的"守业"平台，艰苦奋斗的环境与心境更为复杂，更需要创业者主动作为，而不是被动迎战。

在第十三届全国人大一次会议上，习近平为新时代的创业团队鼓劲说："新时代属于每一个人，每一个人都是新时代的见证者、开创者、建设者。只要精诚团结、共同奋斗，就没有任何力量能够阻挡中国人民实现梦想的步伐！"可以说，这种"不相信有完不成的任务，不相信有克服不了的困难，不相信有战胜不了的敌人"的必胜信心，对今天的创业者依然不可或缺。

创业、守业、再创业，唯有不忘初心，从群众中来、到群众中去，才能无问西东。

不忘初心，说易行难。创业是为了谁？90多年前的那一代创业者无比清晰，而今天的某些干部在"我是谁""为了谁"这一问题上已经迷路，老百姓的愿望呼声不了解、不关注，关起门来做决策办事、只唯上不唯下，一门心思捞政绩，干出来的事情要么华而不实，要么劳民伤财。

中国共产党因何而生，使命何在？

这个问题迫切需要新时代的更多回答。

习近平在2012年当选总书记后第一次同中外记者见面时就说，人民对美好生活的向往，就是我们的奋斗目标。

这些年的全面深化改革，无不从人民群众的获得感着手：

供给侧改革，是为了让群众生活更加殷实，生活质量不断提高；"拍蝇""打虎"、从严治党，是为了治病树、拔烂根，强化党同群众的血肉联系；建设美丽中国，是为了让群众呼吸到更清新的空气、喝到更洁净的水；抓脱贫攻坚，为的是小康路上一个都不少。

可以说，艰苦奋斗再创业，同样是不忘初心，矢志不渝地执着为人民谋幸福，永不止步地带领人民闯新路、开新局；笃行求真务实，不断为人民创造实实在在的业绩。创业当前也罢，守业维艰也罢，再创业也好，能够不忘"为了谁"、明确"依靠谁"、坚守"我是谁"，是中国共产党这个团队在各种伟大斗争中无往而不胜的不二绝技。

神州百年陆沉，"来时的路"泥泞坎坷，我们不能忘却；中华百年求索，"现在的路"来之不易，我们岂能迷失；未来中国还有百年之目标，面对百年未有之变局，"将来的路"我们已经找到：

"我们都在努力奔跑"，不忘初心，艰苦奋斗再创业；"我们都是追梦人"，心之所向，无问西东。

主要参考文献

柳建辉等：《百炼成钢——中国共产党应对重大困难与风险的历史经验》，人民出版社，2017年5月第1版。

唐正芒主编：《中国共产党革命精神巡礼》，湘潭大学出版社，2015年2月第1版。

姚桓、李娜、张惠舰：《从党章发展看中国共产党成功之道》，中国方正出版社，2015年1月第1版。

鄢一龙、白钢、章永乐、欧树军、何建宇：《大道之行　中国共产党与中国社会主义》，中国人民大学出版社，2015年2月第1版。

徐焰：《从合作走向决战——中国共产党为什么能战胜国民党》，广东经济出版社，2016年10月第1版。

罗平汉等：《党史细节——中国共产党90年若干重大事件探源》，人民出版社，2011年3月第1版。

王尧：《革命家的品格》，四川人民出版社，2017年7月第1版。

[美]埃德温·W.马丁：《抉择与分歧——英美对共产党在中国胜利

的反应》，社会科学文献出版社，2016年6月第1版。

郭德宏主编：《日出东方——中国共产党80年历程纪实》，江西人民出版社，2001年6月第1版。

李海文：《中共党史拐点中的人物与事件》，中国青年出版社，2014年1月第1版。

洪向华主编：《关键抉择——决定中国前途命运的25个历史节点》，红旗出版社，2012年1月第1版。

龚平、冯岩编著：《中共十大危机警报》，中国文史出版社，2013年4月第1版。

卫建林：《全球化与共产党》，社会科学文献出版社，2013年5月第1版。

王湘穗：《中国奇迹的奥秘》，党建读物出版社，2014年10月第1版。

[美]胡素珊：《中国的内战——1945—1949年的政治斗争》 当代中国出版社，2014年7月第1版。

陈晋：《伟大也要有人懂：小目标　大目标　中国共产党一路走来》，中国少年儿童出版社，2017年10月第1版。

张树军：《中国有了共产党》，中共党史出版社，2011年4月第1版。

《党的文献》编辑部：《观领袖　品党史》，中国人民大学出版社，2014年4月第1版。

李小三主编：《中国共产党人精神研究》，中央文献出版社，2008年3月第1版。

紫丁：《李强传》，人民出版社，2004年11月第1版。

黄苇町：《苏共亡党十年祭》，江西高校出版社，2002年4月第1版。

潘维：《信仰人民——中国共产党与中国政治传统》，2017年4月第1版。

尤新民、张静如主编：《中国共产党90年史话》，中共党史出版社、中国书籍出版社，2015年5月第1版。

中共中央党史研究室第一研究部编著：《红军长征史》，中共党史出版社，2006年3月第2版。

解超等：《中国共产党的国际友人研究》，上海人民出版社，2011年10月第1版。

金一南：《苦难辉煌》，华艺出版社，2009年1月第1版。

中共中央文献研究室《文献与研究》《党的文献》编辑部：《中国共产党九十年评忆》，贵州人民出版社，2013年1月第1版。

杨奎松：《"中间地带"的革命：国际大背景下看中共成功之道》，山西人民出版社，2010年5月第1版。

谢春涛主编：《中国共产党如何应对挑战？》，新世界出版社，2014年10月第1版。

中共中央党史研究室：《中国共产党历史》，中共党史出版社，2011年1月1日第1版。

[美]埃德加·斯诺：《西行漫记》，生活·读书·新知三联书店，1979年12月第1版。